Hintergründe und Meinungen zur Gesellschaft

Eine Schriftenreihe des DGB-Bildungswerk Hessen e. V.

Werkstattbericht zum Projekt

Älter werdende Belegschaften – alternsgerechtes Arbeiten und Lernen in Hessen

Länderbericht:

- Deutschland
- Finnland
- Polen

Impressum

Herausgeber

DGB-Bildungswerk Hessen e.V.

Eberhard Beck, Leiter

Wilhelm-Leuschner-Str. 69 - 77

60329 Frankfurt am Main

Layout

Karsten Meier

Druck

Druckhaus Dresden

Frankfurt am Main, 05.2010

ISBN 3 - 938654 - 04 - X

Inhalt

Vorwort

Die Bevölkerung in Hessen schrumpft und altert! Die Alterung der Belegschaften ist daher nicht nur Zukunftsmusik. Die Beschäftigung der Älteren (50 bis 59 Jährige) ist bereits in den letzten Jahren stetig und deutlich gestiegen. Besonders stark ist – in allen Qualifikationsgruppen – die Zunahme der Erwerbsbeteiligung älterer Frauen. Spätestens in 15 bis 20 Jahren wird auch in Hessen ein Mangel an Fachkräften erwartet. Um den Bedarf an Fachkräften zu decken, ist in Zukunft eine deutlich höhere Erwerbsbeteiligung älterer Menschen nötig.

Auch wenn die „Angebotslücke" auf dem Arbeitsmarkt in manchen Berufen oder Branchen erst in einigen Jahren akut wird, ist ein Handeln in den Unternehmen bereits heute notwendig, damit der damit verbundene Verlust an verfügbaren Fachkräften, Wissen und Kompetenzen nicht zum wirtschaftlichen Entwicklungshemmnis wird.

Unternehmen, Arbeitnehmer/-innen und Betriebsräte sind bisher noch nicht ausreichend auf diese Entwicklung vorbereitet. Es fehlt oft das Wissen oder Bewusstsein für die interne Altersstruktur der Belegschaften in den Unternehmen. Nur sehr selten gibt es spezielle Maßnahmen für ältere Beschäftigte. Unterstützungsbedarf haben vor allem kleine und mittlere Unternehmen (KMU). Sie sind aufgrund ihrer Größe bei der Entwicklung und Umsetzung alternsgerechter Strukturen und Arbeitsbedingungen sowie der Personalentwicklung benachteiligt. Neben Zeit und Finanzierungsmöglichkeiten fehlt hier oft auch entsprechendes Fachpersonal bzw. Know-How.

Umso wichtiger ist es in KMU, die Ansatzpunkte für eine beteiligungsorientierte Strategie- und Maßnahmenentwicklung des Altersmanagements zu nutzen. Deshalb gilt es, in den Unternehmen und bei den Beschäftigten verstärkter als bisher ein Weitebildungsbewusstsein und entsprechende alternsgerechte Qualifizierungsangebote zu entwickeln.

Das Projekt „Älter werdende Belegschaften, alternsgerechtes Arbeiten und Lernen in Hessen" soll dazu beitragen gemeinsam mit den Sozialpartnern diesen Prozess zu gestalten.

Dank gilt dem Hessischen Ministerium für Wirtschaft, Verkehr und Landesentwicklung und der Europäischen Union – Europäischer Sozialfond – die dieses Projekt fördern.

Länderberichte Deutschland, Finnland und Polen

Der transnationale Austausch im Projekt mit Partnern aus Finnland und Polen wird flankiert durch die Erstellung von Länderberichten.

In den Länderberichten wurden folgende Themen behandelt:

- Demografie in Wirtschaft und Gesellschaft – Hintergründe – Zahlen – Fakten
- Gesetzliche Rahmenbedingungen und zentrale politische Akteure – wie werden die betrieblichen Aktivitäten formal bestimmt, wer redet mit (z. B. Tarifpolitik, Betriebsräte, Gewerkschaften etc.)?
- Die Situation in Branchen und Betrieben (jeweils am Beispiel einer Produktions- und einer Dienstleistungsbranche in der Region)
- Konkrete Maßnahmen auf nationaler, regionaler und betrieblicher Ebene (entlang der Beispielbranchen)

Der Werkstattbericht möchte Sie über die Entwicklung in den Ländern unserer transnationalen Partner informieren.

Eberhard Beck
Leiter DGB Bildungswerk Hessen e. V. und Projektleiter

Mechthild Kopel
Geschäftsführende Gesellschafterin der Wert.Arbeit GmbH

Länderbericht Deutschland

Verantwortlich:
Eberhard Beck, DGB-Bildungswerk

Autorinnen:
Sandra Saeed
Mechthild Kopel

Demografie in Wirtschaft und Gesellschaft, Hintergründe – Zahlen – Fakten

Der Demografische Wandel - unsere alternde und gleichzeitig schrumpfende Bevölkerung – hat Auswirkungen auf alle Bereiche des gesellschaftlichen Lebens. Bezogen auf Wirtschaft und Arbeitsmarkt kennzeichnen die Situation alternde Belegschaften und weniger junge Menschen, die in das Erwerbsleben eintreten. Diese Entwicklung ist in allen Industriestaaten zu beobachten, Deutschland weist jedoch zwei Besonderheiten auf:

Zwar ist ein regional unterschiedlich verlaufender demographischer Wandel die Norm, allerdings sind in Deutschland diese Differenzen zwischen den alten und den neuen Bundesländern sehr stark. In den neuen Bundesländern sank die Geburtenquote je Frau nach der Wiedervereinigung drastisch und die Anzahl der Zuzüge war und ist geringer. Ganz besonders in ländlichen Regionen aber auch insgesamt in den östlichen Bundesländern ist zudem eine Abwanderung vor allem jüngerer qualifizierter Menschen, insbesondere Frauen, zu beobachten, die den Effekt der Alterung noch verstärkt. Durch diese historische Besonderheit vollzieht sich der demografische Wandel in Ostdeutschland bereits heute mit hoher Dynamik.

Zum anderen war die Erwerbsbeteiligung älterer Menschen (ab 50 Jahre) in Deutschland im Vergleich zu anderen Industrienationen lange Zeit unterdurchschnittlich. Frühverrentungssysteme, wie die lange staatlich subventionierte Altersteilzeitregelung, haben es vielen Menschen ermöglicht, bereits vor dem gesetzlichen Rentenalter aus dem Erwerbsleben auszuscheiden. Die Betriebe verfügten so zwar über junge Belegschaften, zugleich ging mit den älteren Jahrgängen, die früh und in großer Zahl ausschieden, viel Wissen und Erfahrung verloren. Durch die staatlichen Anreize zur Frühverrentung ist damit ein Teil des bereits bestehenden Fachkräftemangels „hausgemacht", denn viele der vor 10 Jahren in den Vorruhestand verabschiedeten Fachkräfte hätten durchaus länger im Erwerbsleben verbleiben können und den heute immer deutlicher werdenden Fachkräftebedarf zumindest teilweise abdecken können.

Darüber hinaus führte diese staatlich unterstützte „Verjüngung" der Belegschaften vor allem großer Betriebe dazu, dass bisher vergleichsweise wenige Erfahrungen mit alternden Belegschaften gesammelt werden konnten. Auch die Erkenntnis, welchen Beitrag Ältere zur Wertschöpfung leisten, setzt sich auf Grund der „Jugendzentriertheit" deutscher Unternehmenskulturen oftmals erst verzögert durch.

Für Deutschland ist die Situation also wie folgt zu beschreiben: Was die allgemeine demografische Lage anbetrifft, so steht Deutschland vor ähnlich großen Herausforderungen wie alle anderen Industrienationen auch. Regional unterschiedliche Entwicklungen sind ebenfalls in allen Industrienationen die Norm, allerdings besteht historisch bedingt in Deutschland ein deutlicher Ost-West-Unterschied: Die Entwicklung in Ostdeutschland verläuft dramatischer und beschleunigter als in Westdeutschland und auch den meisten anderen Regionen in den Industriestaaten.

Was hingegen die politischen Weichenstellungen anbetrifft, hat Deutschland durch umfangreiche Frühverrentungen der älteren Jahrgänge den Fachkräftebedarf verstärkt und zudem die frühzeitige und offensive Auseinandersetzung mit den Folgen des demografischen Wandels für Wirtschaft und Arbeitsmarkt verzögert.

Allgemeine Bevölkerungsentwicklung

Die Bevölkerung in Deutschland mit 82,2 Millionen Einwohnern in 2007 schrumpft seit Jahren. Die Geburtenzahl hat sich nach dem „Baby-Boom" Mitte der 1960er Jahre nahezu kontinuierlich verringert und es kann davon ausgegangen werden, dass dieser Trend sich so fortsetzen wird. Selbst bei einem Anstieg des Geburtenniveaus je Frau ließe sich diese Entwicklung nicht aufhalten, da die potentielle Elterngeneration beständig kleiner wird. Bereits seit Anfang der 1970er Jahre liegt die Anzahl der Gestorbenen über der Anzahl der Geburten, die natürliche Bevölkerungsbilanz ist folglich negativ.

Wie erwähnt, bestehen hierbei erhebliche Differenzen zwischen den alten und den neuen Bundesländern. Während die natürliche Bilanz in den alten Ländern bis etwa zum Jahr 2000 nahezu ausgeglichen war und erst seitdem ein leichter Sterbefallüberschuss zu verzeichnen ist, trug das drastisch sinkende Geburtenniveau in den neuen Ländern nach der Wiedervereinigung, weniger Zuzüge sowie – vor allem in den Randregionen – erheblichen Abwanderung seit Beginn der 1990er Jahre zu einem deutlichen Bevölkerungsrückgang bei.

Der Wanderungssaldo, die Differenz zwischen Zuzügen und Fortzügen nach oder von Deutschland, war über die Jahre fast immer positiv, so dass die negative natürliche Bilanz zunächst ausgeglichen werden konnte. Seit 2003 zeichnet sich jedoch eine Trendwende ab: Die steigenden Sterbefallüberschüsse sowie die gesunkenen Zuwanderungsüberschüsse führen nun dazu, dass die Bevölkerung in Deutschland seit einigen Jahren permanent abnimmt.

Auch hier gibt es Unterschiede zwischen alten und neuen Bundesländern. Positive Wanderungssalden waren in Westdeutschland die Grundlage für das noch bis 2005 anhaltende Bevölkerungswachstum, in Ostdeutschland verstärkten erhebliche Abwanderungsverluste in den meisten Jahren den ohnehin durch den Sterbefallüberschuss eintretenden Bevölkerungsrückgang zusätzlich.

Abbildung 1: **Entwicklung der Bevölkerungszahl in Deutschland seit 1950 und Prognosen bis 2050**

Datenquelle: Statistisches Bundesamt, 11. koordinierte Bevölkerungsvorausberechnung, Graphische Darstellung: BiB

Für Gesamtdeutschland ist der Bevölkerungsrückgang seit 2003 zu beobachten und ein weiterer Rückgang ist prognostiziert. So trifft die 11. koordinierte Bevölkerungsvorausberechnung des Bundes und der Länder[1] folgende Annahmen: Die durchschnittliche Kinderzahl je Frau beträgt danach auf Dauer knapp 1,4 Kinder. Die Lebenserwartung steigt, allerdings nicht mehr ganz so schnell wie in den letzten drei Jahrzehnten.

Dabei ziehen jährlich 100.000 (Untergrenze der „mittleren" Bevölkerung) oder 200.000 (Obergrenze der „mittleren" Bevölkerung) mehr Personen nach Deutschland, als es verlassen. Vor diesem Hintergrund schrumpft die deutsche Bevölkerung deutlich; bis 2050 wird somit eine Bevölkerungszahl von 69 – 74 Millionen vorausgesagt.

Parallel zur Schrumpfung vollzieht sich auch in Deutschland eine Alterung der Bevölkerung. Abbildung 2 zeigt den Altersaufbau für 2006, erläutert die Ursachen und weist zudem die Unterschiede zwischen Frauen und Männern aus.

Abbildung 2: **Altersaufbau der Bevölkerung in Deutschland, 2006**

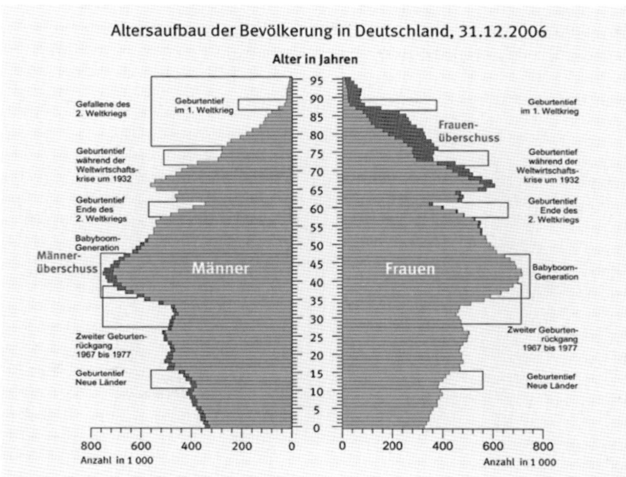

Datenquelle: Statistisches Bundesamt, Graphische Darstellung: BiB

1 Statistisches Bundesamt: 11. Koordinierte Bevölkerungsvorausberechnung – Annahmen und Ergebnisse – Entwicklung der Bevölkerung Deutschlands bis 2050, Wiesbaden, 2006

In Zukunft wird sich die deutsche „Alterspyramide" umdrehen („Von der Tanne zur Pappel") – d. h. der Anteil der Jüngeren an der

Abbildung 3: **Altersaufbau der Bevölkerung in Deutschland im Vergleich von 1910 bis 2050**

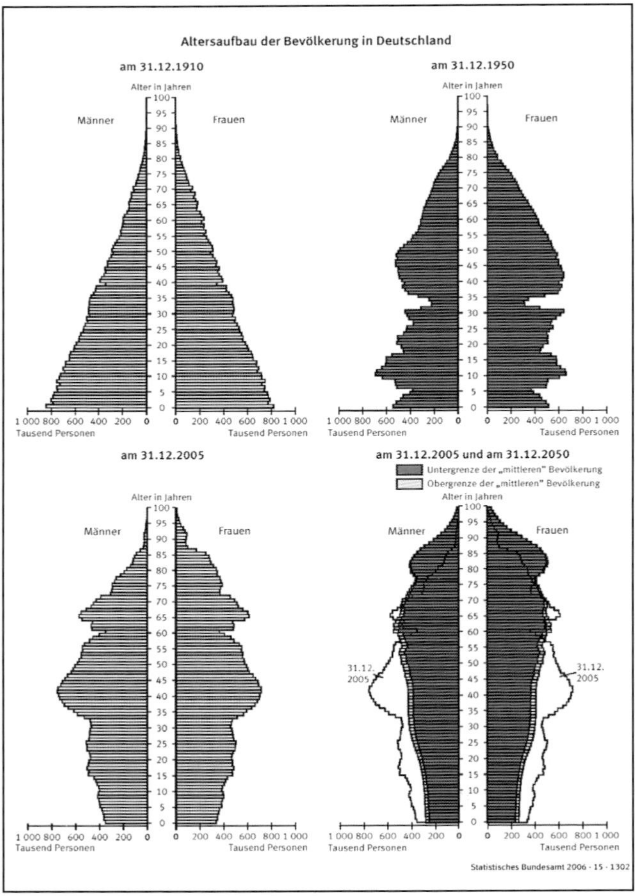

Quelle: Statistisches Bundesamt, Wiesbaden, 11. Koordinierte Bevölkerungsvorausberechnung – Annahmen und Ergebnisse – Entwicklung der Bevölkerung Deutschlands bis 2050, November 2006, S. 35

Bevölkerung sinkt drastisch und ebenso drastisch steigt der Anteil der Älteren. Der Frauenüberschuss bei den Älteren wird dabei in nächster Zeit bestehen bleiben. Zwar holen Männer bei der Lebenserwartung auf, aber der Vorsprung der Frauen wird trotzdem bleiben. Prognosen sehen auch für das Jahr 2050 noch mehr Frauen im Seniorenalter voraus als Männer. Allerdings wird dieser Unterschied erst bei den Hochbetagten richtig deutlich. Kommen in Zukunft auf 100 Frauen zwischen 60 und 70 Jahren immerhin noch 95 Männer, sind es bei den 85- bis 89-Jährigen noch 70 Männer auf 100 Frauen und bei den ab 90-Jährigen nur noch 57 Männer je 100 Frauen.

Die Grafiken in Abbildung 3 zeigen diese Entwicklung. Hier wird in einem längeren Vergleichszeitraum von 140 Jahren gezeigt, wie sich der Bevölkerungsaufbau verändert hat und sich zukünftig darstellen wird.

Diese prognostizierte Zusammensetzung der Bevölkerung wird die deutsche Gesellschaft in ihrer Gesamtheit verändern und Ausstrahlungseffekte auf alle Lebensbereiche haben. Entsprechend sind auch Wirtschaft und Arbeitsmarkt von dieser Entwicklung betroffen. Nachfolgendes Kapitel beschreibt die Wirkungen des demographischen Wandels auf die Erwerbstätigkeit, Erwerbsstruktur und die Herausforderungen in den Betrieben.

Erwerbstätigkeit, Erwerbspersonenpotenzial und alternde Belegschaften

Auch in Deutschland vollzieht sich der sektorale Strukturwandel, entsprechend finden sich heute die mit Abstand meisten Erwerbstätigen im Dienstleistungssektor.

Die Bevölkerungszahl in Deutschland wird in den nächsten Jahren sinken: in den kommenden Jahren ist diese Schrumpfung noch geringfügig, langfristig aber verläuft sie dynamisch. Vor allem jedoch wird die Bevölkerung altern, denn beinahe unabhängig von der Zuwanderung wird die Zahl der Jüngeren sinken und der Anteil der Älteren steigen. Nicht zuletzt deshalb ist die Bevölkerung im erwerbsfähigen Alter (von 15 bis 64 Jahre) vom demografischen Wandel noch stärker betroffen als die Bevölkerung insgesamt.

Abbildung 4: **Erwerbstätige in den Wirtschaftssektoren in Deutschland 1982 - 2005**

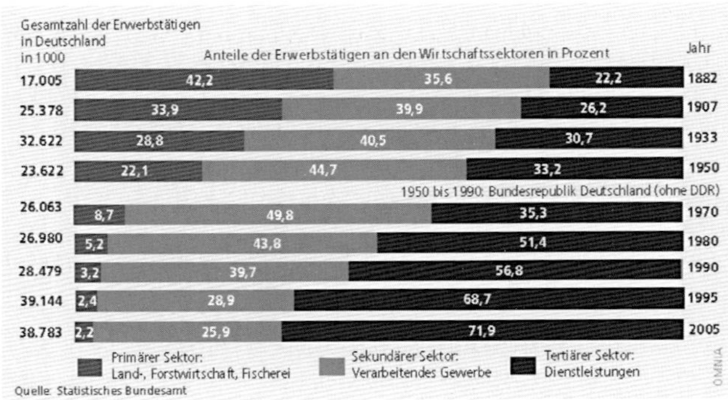

Nach vorläufigen Angaben des Statistischen Bundesamtes hat sich die Erwerbstätigkeit 2007 im Jahresdurchschnitt dennoch aufgrund der steigenden Erwerbsbeteiligung, vor allem der Frauen, auf 39,74 Millionen erhöht. Der aktuelle Anstieg wird – wie schon im Vorjahr – vor allem vom Aufbau sozialversicherungspflichtiger Beschäftigung getragen. Im Juni waren 26,85 Millionen Arbeitnehmer sozialversicherungspflichtig beschäftigt, 500.000 mehr als vor einem Jahr. Darüber hinaus trug der Anstieg bei der ausschließlich geringfügig entlohnten Beschäftigung ebenfalls zum Aufwuchs der Erwerbstätigkeit bei.

Abbildung 5: **Entwicklung der Erwerbstätigkeit in Deutschland, 2000 bis 2007 – gegenüber Vorjahr in Prozent**

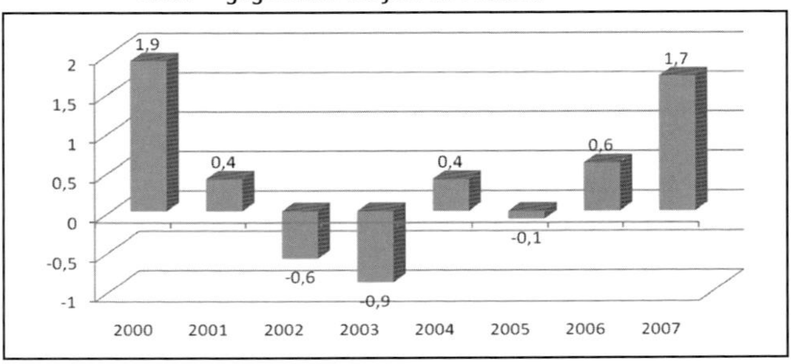

Quelle: Bundesagentur für Arbeit 2007: Arbeitsmarkt 2007, S.23

Für die Zukunft ist jedoch mit einer sinkenden Erwerbsbevölkerung zu rechnen, die auch durch die steigende Erwerbsneigung nicht mehr auszugleichen sein wird. Das Potenzial an verfügbaren Arbeitskräften wird geringer, wie nachfolgende Grafik zeigt:

Abbildung 6: **Projektion des Erwerbspersonenpotentials in Deutschland 2000 - 2050**

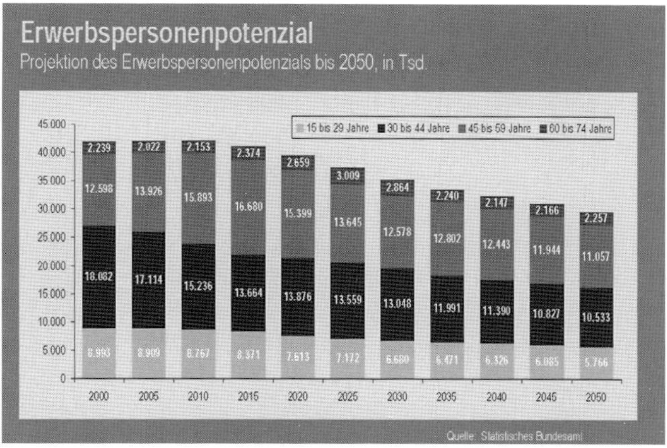

Quelle: Christiane Flüter-Hoffmann (IW Köln): Alternde Belegschaften – Ansätze zur Reformulierung von Personal- und Organisationsentwicklung, Vortrag auf dem Fachkongress „Zukunft (der) Weiterbildung", Ahlen 2007

Zurzeit sind knapp 44 Millionen Menschen zwischen 15 und 65 Jahren alt. 2020 werden es bereits knapp 5 % weniger sein. Danach jedoch kommen die geburtenstarken Jahrgänge ins Rentenalter, so dass für 2030 die Prognosen nur noch von gut 42 bis etwa 44 Millionen Menschen im Erwerbsalter ausgehen. 2050 werden es sogar nur noch 35,5 bis 39 Millionen Personen sein.

Das heißt, gegenüber heute beträgt der Rückgang des Erwerbspersonenpotenzials gut 20 Prozentpunkte![2]

Zugleich kommt es innerhalb der Erwerbsbevölkerung zu größeren Verschiebungen: Die Anzahl der Jüngeren sinkt bereits seit

2 Siehe Rückgang von Wohn- und Erwerbsbevölkerung, http://www.bib-demographie.de/cln_090/nn_750740/DE/DatenundBefunde/Modellrechnungen/wohn__und__erwerbsbevoelkerung.html, Stand: 28.04.2009.

Jahren sehr deutlich, um ab ca. 2030 auf einem insgesamt niedrigen Niveau zu verbleiben. Umgekehrt steigt der Anteil der Älteren drastisch an. Nachfolgende Grafik zeigt die langfristige Entwicklung der Anteile Älterer und Jüngerer an der erwerbsfähigen Bevölkerung:

Abbildung 7: **Entwicklung der Erwerbsbevölkerung in Deutschland 1950 – 2040**

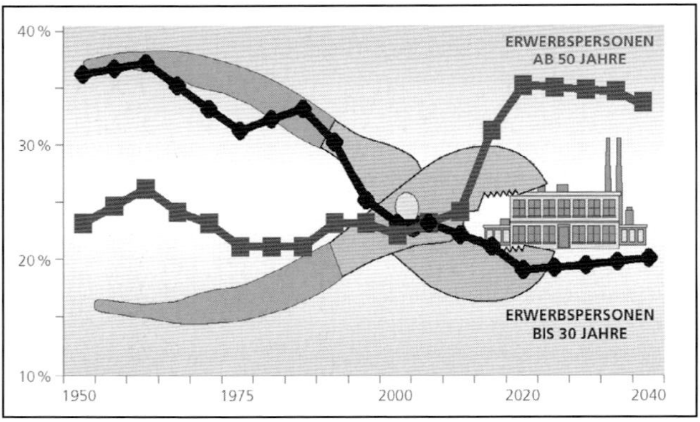

Quelle: Fraunhofer Institut IAO, Vortrag Hartmut Buck: „ Ältere Menschen auf dem Arbeitsmarkt – Strategische Ansätze und Initiativen aus dem In- und Ausland" im Rahmen der Fachtagung „Wirtschaftliche und gesellschaftliche Produktivität älterer Menschen" des Bundesministerium für Familie, Senioren, Frauen und Jugend, Sachverständigenkommission für den 5. Altenbericht, 10. Mai 2005, Berlin

Wie an anderer Stelle bereits vermerkt, entwickelt sich die Erwerbsbevölkerung in Deutschland auch regional sehr unterschiedlich. Das HWWI und PricewaterhouseCoopers haben in einem gemeinsamen Projekt untersucht, wie sich die Erwerbstätigkeit in den deutschen Kreisen und kreisfreien Städten bis zum Jahr 2018 entwickeln wird. Nachfolgende Karte zeigt, dass insbesondere in Ostdeutschland die Schrumpfung der Erwerbsbevölkerung erheblich größer ist als in Westdeutschland.[3]

3 HWWI: Deutschland 2018 ? Regionen im Wettbewerb um qualifizierte Arbeitskräfte, in: Update 1/09: S. 1-2

Abbildung 8: **Entwicklung der regionalen Erwerbstätigenzahlen bis 2018**

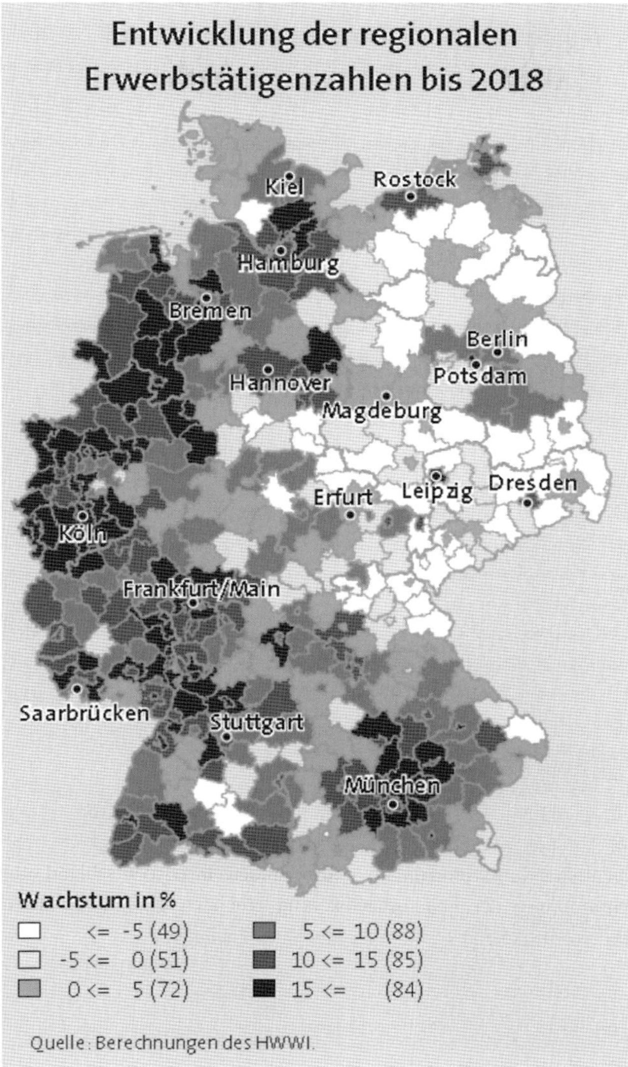

Zusammengefasst lassen sich folgende Kernaussagen zur Entwicklung der Erwerbsbevölkerung treffen:

- Insgesamt sinkt das Arbeitskräfteangebot. Sowohl regional wie sektoral verläuft diese Entwicklung mit unterschiedlicher Dynamik, von den Folgen verschont bleibt jedoch niemand.
- Die Beschäftigten werden in Zukunft durchschnittlich älter sein, die Belegschaften altern.
- Hinsichtlich des Altersaufbaus der Erwerbsbevölkerung wird es zukünftig deutlich weniger Jüngere und deutlich mehr Ältere geben.

Einschlägige Experten betonen stets, dass diese Trends kurz- bis mittelfristig nicht beeinflussbar sind. Selbst eine deutliche Steigerung der Geburtenzahlen zum jetzigen Zeitpunkt hätte auf den Arbeitsmarkt frühestens in fünfzehn Jahren Einfluss. Darüber hinaus zeigt sich gerade für Deutschland, dass die politischen Rahmenbedingungen vergleichsweise wenig geeignet sind, Geburten zu stimulieren.

Eine deutlich gesteigerte Zuwanderung könnte zwar die Effekte der Bevölkerungsschrumpfung und -alterung mindern, hat jedoch praktische Grenzen: Bereits in der Vergangenheit zeigte sich durch die Erfahrungen mit der Greencard für Deutschland, dass es ungeheuer schwer ist, genau jene Fachkräfte, die benötigt werden, nach Deutschland zu lenken. Deutschland steht in weltweiter Konkurrenz um Fachkräfte. Es kann daher nicht davon ausgegangen werden, dass es durch die Einwanderungspolitik gelingt, den Fachkräftebedarf in hohem Maße zu bedienen.

Insofern bleibt vor allem eine politische Option, die mit dem demographischen Wandel verbundenen Effekte zu gestalten: es geht um die Ausschöpfung des Erwerbspersonenpotenzials!

Ein verstärktes Ausschöpfen des Erwerbspersonenpotentials meint jedoch auch, all jene gezielt in den Blick zu nehmen, die bisher nur unzureichend am Erwerbsleben teilhatten: Frauen (wobei hier Deutschland längst die aus der Lissabon-Strategie der EU geforderten Erwerbsquote erreicht hat) sowie Arbeitslose (hier wiederum geht es vor allem um eine Gestaltung des Mismatchs am Arbeitsmarkt) und Ältere.

Bezogen auf die Stärkung der Erwerbsbeteiligung Älterer hat Deutschland erhebliche Potenziale, obwohl auch hier bereits die Lissabon Ziele der Europäischen Union[4] erreicht wurden: Die standardisierte Eurostat-Beschäftigungsquote für über 55-Jährige lag im zweiten Quartal 2007 in Deutschland bei 52 % und überstieg damit die Lissabon-Ziele bereits in 2007 um 2 Prozentpunkte.[5] Gerade in den letzten Jahren hat sich die Beschäftigungsquote Älterer stark erhöht: seit dem Jahr 2000 um mehr als 10 Prozentpunkte. Diese Entwicklung wurde vor allem durch veränderte Rechtsgrundlagen zur Frühverrentung unterstützt. Der frühe Übergang in die Rente wurde in den letzten Jahren immer weiter erschwert, er kommt für immer weniger Beschäftigte in Frage, gleichzeitig wurden für Arbeitgeber Anreize geschaffen, älterer Menschen einzustellen.

Abbildung 9: **Entwicklung der sozialversichungspflichtigen Beschäftigung 1998 – 2008 nach Alter**

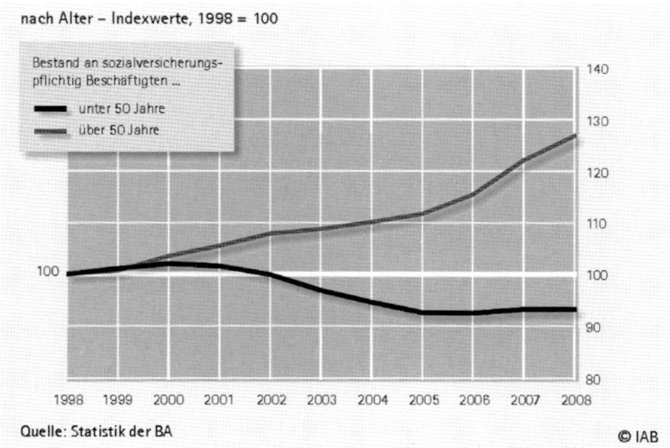

Dennoch zeigt ein Blick zu unseren Nachbarländern, dass weitere Potenziale zu erschließen wären: Vergleicht man die Beschäf-

4 Diese sehen vor, bis 2010 eine Beschäftigungsquote der über 55-jährigen von 50% zu erreichen.

5 Siehe Bundesagentur für Arbeit, Arbeitsmarktberichterstattung 2007: Situation von Älteren am Arbeitsmarkt – Erwerbstätigkeit, Beschäftigung und Arbeitslosigkeit, 2007, S.4.

tigungsquote Älterer (über 55 Jahren) in Europa über die Jahre, zeigt sich zwar, dass Deutschland stark aufgeholt hat. Während es bis 2004 noch unter dem Durchschnitt der EU-15 lag, liegt es nun knapp 6 Prozentpunkte über dem Durchschnitt der EU-25. Laut OECD liegt Deutschland auch in 2008 mit einer Erwerbsquote Älterer von 53,8 % noch immer im Mittelfeld. Höhere Quoten finden sich in Schweden (70,3 %), Dänemark (57,7 %), Finnland und Großbritannien (58,2%), wie nachfolgende Grafik zeigt.

Abbildung 10: **Erwerbstätigenquoten in ausgewählten EU Ländern**

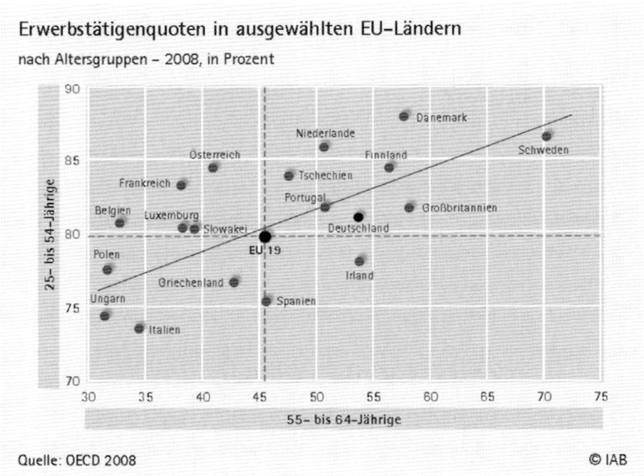

Auch die Informationen zum durchschnittlichen Eintritt in die Rente zeigen, dass sich die Erwerbsbeteiligung der Älteren positiv verändert hat: Im Jahre 2001 waren jene, die in Rente gingen, durchschnittlich 60,6 Jahre alt. Bis 2007 hingegen stieg das durchschnittliche Alter auf 62,0 Jahre.[6]

Obwohl also der Verlauf der Erwerbsbeteiligung Älterer in Deutschland gerade in jüngster Zeit sehr positiv war, ist auch die Arbeitslosenquote der Älteren relevant, da diese in den vergangenen

6 Vgl.: Arlt, Andrea / Dietz, Martin / Walwei, Ulrich: Nicht alles ist Konjunktur, IAB Kurzbericht 16/2009, Nürnberg: 2.

Jahren überdurchschnittlich war. Sie belief sich im September 2007 auf 12,8 % (50- bis unter 65-Jährige), während die Arbeitslosenquote insgesamt zu diesem Zeitpunkt bei 11,6 % lag. Zudem sind Ältere länger arbeitslos, eine Rückkehr ins Erwerbsleben fällt ihnen schwerer: Über 40 % der über 50 Jährigen Arbeitslosen sind länger als ein Jahr ohne Arbeit; gut 24 % sogar länger als zwei Jahre.[7] Dies zeigt, dass gerade bei Älteren wesentliche Anstrengungen unternommen werden müssen, sie im Erwerbsprozess zu halten, da gerade hier die Arbeitsmarktflexibilität besonders schwer gelingt.

Aktuelle Zahlen zeigen überdies, dass die Älteren überproportional von der Wirtschafts- und Finanzkrise betroffen sind: In der Krise trennen sich die Betriebe schnell von Beschäftigten, die aus ihrer Sicht weniger leisten können. Hier zeigt sich auch eine Falle durch den Abbau der Vorruhestandsregelungen. Möglicherweise wären Ältere angesichts der Krise verstärkt in die Vorruhestandsprogramme geschickt worden, so jedoch werden sie zunehmend arbeitslos, wie der Analytikreport der Bundesagentur für Arbeit vom Mai diesen Jahres zeigt.

Tabelle 1: **Veränderung der Arbeitslosigkeit Älterer von Mai 2008 – Mai 2009 in %**

	Ältere (55 Jahre und älter)
Insgesamt	+17,3
Männer	+24,4
Frauen	+10,1

Quelle: DGB Bundesvorstand: Krise trifft Junge und Ältere besonders stark, Arbeitsmarkt aktuell, Berlin Juli 2009

Obige Tabelle zeigt, dass die Arbeitslosigkeit älterer Männer mehr als doppelt so stark stieg wie die der Frauen. Dies ist vor allem dadurch begründet, dass bisher von der Krise vor allem exportorientierte Industriearbeitsplätze betroffen sind, somit eher Arbeitsplätze, die von Männern besetzt werden.

7 Vgl. Bundesagentur für Arbeit, Arbeitsmarktberichterstattung 2007: Situation von Älteren am Arbeitsmarkt – Erwerbstätigkeit, Beschäftigung und Arbeitslosigkeit, 2007, S.4.

Zusammenfassend heißt dies, dass die Erhöhung der Erwerbsbeteiligung Älterer eine zentrale Stellschraube bei der Gestaltung des demographischen Wandels ist. Hier wurden in der Vergangenheit große Fortschritte erzielt: die Erwerbsbeteiligung stieg und die Arbeitslosenquote sank. Es bleiben jedoch noch immer Potenziale, die es zu nutzen gilt. Dies betrifft die Wiedereingliederung Älterer in den Arbeitsmarkt ebenso wie Aktivitäten, die dazu beitragen, Ältere im Erwerbsprozess zu halten. Hierfür müssen Gesetzgeber und die Akteure von Wirtschaft und Arbeitsmarkt zusammenwirken.

Ein Schlüsselbegriff ist dabei das „Altersbild". Die Akademiengruppe Altern, eine Gruppe aus 23 Wissenschaftler/-innen unterschiedlicher Fachrichtungen plädiert für die Notwendigkeit eines neuen Altersbildes, das die scharfe Dreiteilung in Bildung, Arbeit und Ruhestand durchbricht. Zugleich unterstreichen die Wissenschaftler/-innen in ihren Empfehlungen von März 2009 die Notwendigkeit, den Zugang Älterer zum Arbeitsmarkt zu erleichtern sowie in die Qualifikation und Kompetenzentwicklung aller Beschäftigten im Sinne eines lebenslangen Lernens zu investieren.

Welche Fähigkeiten Ältere haben und wie sie sich im Zeitverlauf ändern ist ausreichend erforscht worden. Die zentralen Begriffe in dieser Debatte sind Leistungs-, Arbeits- und Beschäftigungsfähigkeit. Unter dem Begriff der *Leistungsfähigkeit* versteht man dabei die Gesamtheit aller Fähigkeiten und Fertigkeiten, die ein Mensch in der Realisierung einer Arbeitsaufgabe einbringen kann. Die *Arbeitsfähigkeit* ist dann die Leistungsfähigkeit im Hinblick auf eine konkrete Arbeitsanforderung, sie kann zeigen, wie gut ein Mensch in der Lage ist, die ihm gestellte Aufgabe zu bewältigen. Die Beschäftigungsfähigkeit wiederum ist „andauernde Arbeitsfähigkeit, die sich in stark wandelnden Arbeitsmärkten beweist"[8]. *Beschäftigungsfähigkeit* meint also auch, dass die Person in der Lage zum „self-management" oder zum „self-marketing" ist. Es geht nicht nur um die Befähigung, die Tätigkeit des momentanen Arbeitsplatzes

8 Siehe Richenhagen, Dr. Gottfried: Leistungsfähigkeit, Arbeitsfähigkeit, Beschäftigungsfähigkeit und ihre Bedeutung für das Age Management, in: Initiative Neue Qualität der Arbeit/ Bundesanstalt für Arbeitsschutz und Arbeitsmedizin (Hrsg.): Tagungsband zum Abschlussworkshop des Pfiff-Projektes, o. J.

weiter ausüben zu können, sondern auch um die Fähigkeit, eine Stelle antreten zu können, einen Job zu halten oder sich eine neue Stelle zu suchen. Kurz gesagt, muss die Person in der Lage sein, seine Existenz durch Arbeit zu sichern, auch auf einem sich verändernden Arbeitsmarkt.

Beschäftigungsfähigkeit ist als Leitbegriff etabliert. Beschäftigungsfähigkeit herzustellen, hierzu ist ein Bündel von ineinandergreifenden Maßnahmen und ein ganzheitliches Vorgehen notwendig. Vor allem steht die Schaffung eines lernförderlichen Umfeldes im Zentrum. Ebenso wichtig ist, das „Kriterium ‚Alter' als Entscheidungs- und Handlungsgrundlage"[9] zu Gunsten einer Orientierung auf die Beschäftigungsfähigkeit Aller zu ersetzen. Dies meint, die Arbeit sollte altersgerecht sein und ältere Beschäftigte sollen nicht aufgrund des Lebensalters geringer geschätzt, abgewertet und weniger gefordert und gefördert werden als jüngere.

Hier besteht in Deutschland Handlungsbedarf: So liegt Deutschland im EU-15-Ländervergleich unterhalb des Durchschnitts, wenn die Beschäftigten gefragt werden, ob Lernen von Neuem bei der Arbeit möglich ist. Besonders bei den älteren Beschäftigten schneidet Deutschland schlecht ab. Die Spitzenreiter Finnland, Schweden und Dänemark kommen bei dieser Frage bei den über 45-Jährigen auf über 80 %, Deutschland auf rund 60 %, der Mittelwert der EU-15 liegt bei 67 %. Auch bezogen auf die zweite Bedingung – das Kriterium Alter als Entscheidungs- und Handlungsgrundlage durch das Kriterium Beschäftigungsfähigkeit zu ersetzen – ergeben sich für Deutschland unterdurchschnittliche Werte. Noch immer haben viele Unternehmen Vorbehalte bei der Einstellung Älterer. Auch die Weiterbildungsquote bei Älteren ist geringer als in anderen Altersgruppen[10].

Hier Veränderungen einzuleiten, gelingt nur im Zusammenwirken von Politik und Unternehmen. Inzwischen liegt eine Vielzahl von Initiativen vor. Im nachfolgenden Kapitel gehen wir zunächst

9 Vgl. Eilers, Silke / Rump, Jutta: Managing Employability und Employability im Zuge des demografischen Wandels. in: Jutta Rump et al (Hrsg.): Employability Management – Grundlagen, Konzepte, Perspektiven, 2006, S. 13-73 und S. 129-148.

10 Vgl.: Dietz, Martin: Arbeitsmarkt. Rückenwind für Ältere, in: Wirtschaftsdienst(88, Heft 4) 2008: 254-259.

auf die jüngsten Gesetzesänderungen ein, die darauf abzielen, die Rahmenbedingungen für eine demografiefeste Personalpolitik zu schaffen.

Exkurs: Situation von Einwanderinnen und Einwanderern

Zentraler und inzwischen unstrittiger Aspekt dieser Diskussion ist die absolute Notwendigkeit, die „Bildungsperformance" von Einwanderern und Einwanderinnen zu steigern, insbesondere die ihrer Kinder: Immerhin haben rund ein Viertel der in Deutschland aufwachsenden Jugendlichen einen Migrationshintergrund. „Im bundesweiten Vergleich sind diese Jugendlichen jedoch in der Hauptschule überrepräsentiert, haben laut amtlicher Statistik mehr als doppelt so häufig keinen Schulabschluss, sind mehr als dreimal so oft ohne Ausbildung im Vergleich mit Jugendlichen ohne Migrationshintergrund"[11], so die Zusammenfassung der Lage durch das Deutsche Jugendinstitut. Nachfolgendes Schaubild zeigt die unterschiedliche Situation in der schulischen Ausbildung.

Abbildung 11: **Ausländische und deutsche Schulabgänger/-innen nach Art des Schulabschlusses**

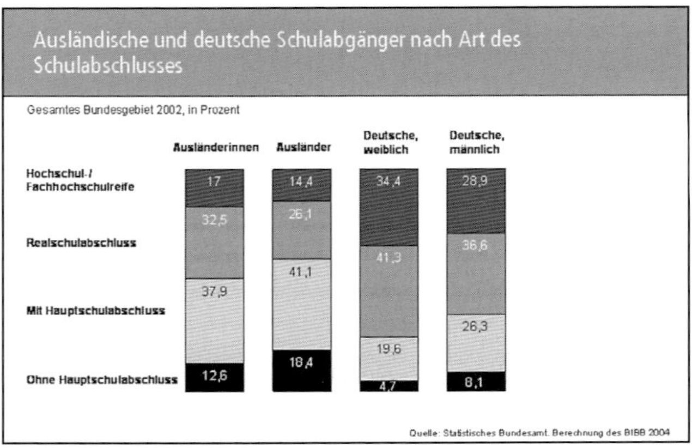

Quelle: DGB Bildungswerk Forum Migration Online 3/2008

11 Kunke, R. & Schreiber, E. (2008). Zwischen Integration und Ausgrenzungsrisiken. Aussiedlerjugendliche im Übergang Schule – Beruf. Ein Handbuch für die Praxis. Deutsches Jugendinstitut e.V. (Hrsg.). S. 5. München.

Diese Befunde werden auch gestützt von internationalen Organisationen wie der OECD. Deren Vergleichsstudien belegen, dass in Deutschland eine starke soziale Selektivität des Bildungssystems besteht: Soziale und ethnische Herkunft sind entscheidende Faktoren für Erfolg beziehungsweise Misserfolg in der Bildung. Auf Grund dieser starken Selektion im Bildungssystem zuungunsten der Migrantinnen und Migranten, aber auch auf Grund der bestehenden Qualifikationen der Einwandernden, sind in Deutschland vergleichsweise wenige Erwerbstätige hoch qualifiziert und eine beträchtliche Anzahl verfügt nur über niedrige Qualifikationen, wie nachfolgende Grafik zeigt:

Abbildung 12: **Bevölkerung nach Migrationsstatus und beruflichem Abschluss**

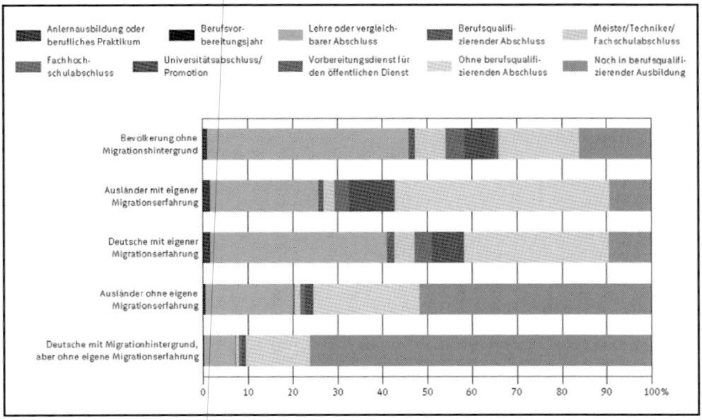

Quelle: Statistisches Bundesamt (2009). Bevölkerung und Erwerbstätigkeit: Bevölkerung mit Migrationshintergrund – Ergebnisse des Mikrozensus 2007. Wiesbaden. Abb. 16.

Entsprechend sieht die Bundesregierung die „Integration als Schlüsselaufgabe unserer Zeit" und stellte bereits in 2007 den „Nationalen Integrationsplan" vor. Standen hier zunächst der formale Zugang zum Arbeitsmarkt und Fragen der rechtlichen Gleichstellung im Vordergrund, verschoben sich die Schwerpunkte hin zu einer Integration durch Bildung, berufliche Qualifikation und durch den Erwerb deutscher Sprachkenntnisse. Diese veränderten Schwerpunkte in den Aufgaben des nationalen Integrationsplans sind einerseits eine Antwort auf den demografischen Wandel durch Einwanderung, andererseits eine Reaktion auf den Strukturwandel von der Industrie- zur Wissensgesellschaft, „der eben jene Arbeitsplätze für gering Qualifizierte gefährdet, in denen die Mehrzahl der nach Deutschland angeworbenen Männer und Frauen tätig waren"[12].

Im Rahmen der Diskussionen um den Nationalen Integrationsplan haben Bund und Länder eine Beobachtung von Zuwanderungs- und Integrationsprozessen sowie die Überprüfung von Integrationspolitik anhand von Indikatoren vorgeschlagen. Im Ergebnis entstanden „Integrationsindikatorenberichte"[13], die Auskunft geben über den Stand und die Entwicklung von Integration anhand verschiedener Indikatoren. Bezogen auf Bildung und Arbeitsmarkt kommt der jüngste Bericht für den Zeitraum 2005 bis 2007 zu folgendem Ergebnis: Hinsichtlich der Schulabschlüsse kann für die gesamte Bevölkerung, also auch bei den ausländischen Schülerinnen und Schülern, ein positiver Trend beobachtet werden. So ging die Zahl derer ohne Schulabschluss zurück. Allerdings besteht der Bildungsrückstand bei Kindern mit Migrationshintergrund im Vergleich zu Deutschen fort.

Auch in Bezug auf die Ausbildung war die Entwicklung leicht positiv: Personen mit Migrationshintergrund haben zwar deutlich häufiger weder einen beruflichen noch einen akademischen Abschluss, jedoch stieg die Anzahl derer mit Hochschul- oder Berufsabschluss leicht an.

Hinsichtlich der Erwerbstätigkeit zeigt der Indikatorenbericht, dass sowohl Erwerbstätigkeit als auch Arbeitslosigkeit bei Personen mit Migrationshintergrund eng mit der konjunkturellen Entwicklung zusammenhängen. Entsprechend sank deren Arbeitslosenquote in 2007.

Obwohl mit dem Nationalen Integrationsplan eine breite Palette von Aktivitäten begonnen wurde und inzwischen auch Erfolge sichtbar werden, legt die differenzierte Analyse entlang der gebil-

12 Vgl.: 7. Bericht der Beauftragten der Bundesregierung für Migration, Flüchtlinge und Integration über die Lage der Ausländerinnen und Ausländer in Deutschland, Berlin 2007: 38.

13 Vgl.: Beauftragte der der Bundesregierung für Migration, Flüchtlinge und Integration: Integration in Deutschland, Erster Indikatorenbericht, Berlin 2009

deten Indikatoren doch offen, vor welch großen Herausforderungen Deutschland im Hinblick auf die Integration von Migrantinnen und Migranten steht. Wird im Rahmen der Demografiedebatte ein Ausschöpfen des Erwerbspersonenpotentials angemahnt, so stehen die Migrantinnen und Migranten im Zentrum.

Gesetzliche Rahmenbedingungen und zentrale politische Akteure

Ein zentrales Gebot, dem demografischen Wandel kurzfristig zu begegnen, ist die Steigerung der Beschäftigungsquote Älterer. Ihr Anstieg in den letzten Jahren hängt im Wesentlichen mit veränderten Gesetzten und Rahmenbedingungen zusammen. Die Gesetzesänderungen haben den vorzeitigen Ausstieg aus dem Erwerbsleben erheblich erschwert beziehungsweise führte ein Ausstieg zu höheren Einbußen in der Rente. Gleichzeitig wurden Unternehmen und ältere Beschäftigte bei einer längeren Beschäftigungszeit unterstützt.

Gesetzliche und sozialpolitische Rahmenbedingungen

Der Anstieg der Erwerbstätigkeit Älterer steht in einem engen Zusammenhang mit der Anhebung von Altersgrenzen und Rentenabschlägen bei vorzeitigem Übergang in die Altersrente.[14] Die Möglichkeiten, vorzeitig aus dem Erwerbsleben auszuscheiden, wurden von der Rentenpolitik in den letzten 15 Jahren immer weiter verengt.

Zeitgleich mit dem Altersgrenzenanpassungsgesetz („Rente mit 67“), welches das Eintrittsalter für die Regelaltersrente von 65 auf 67 Jahre erhöht, wurde das Gesetz zur Verbesserung der Beschäftigungschancen älterer Menschen („Initiative 50plus“) beschlossen, welches zum 1. Mai 2007 in Kraft trat. Die Initiative bündelt bereits vorhandene Instrumente, nimmt Änderungen vor und ergänzt. Die drei wichtigsten Instrumente dabei sind ein Zuschuss für Wei-

14 Siehe Jakob, Johannes / Kolf, Ingo: Mehr Beschäftigung für Ältere? Die „Initiative 50plus“ der Bundesregierung: Nur ein Tropfen auf den heißen Stein, in: Soziale Sicherheit 4/2007, S. 125.

terbildung Älterer, Eingliederungszuschüsse für Ältere, sowie die Entgeltsicherung, die eine spezielle Regelung für über 50-Jährige enthält.

Durch die *Weiterbildungsförderung* werden Betrieben mit bis zu 250 (bisher nur für Betriebe bis zu 100) Beschäftigten für die berufliche Weiterbildung ihre älteren Arbeitnehmerinnen und Arbeitnehmer die Kosten von der Arbeitsagentur erstattet. Ältere Arbeitsnehmerinnen und Arbeitnehmer sollen die Chance erhalten, ihre Kenntnisse zu aktualisieren, ihre Qualifikation zu erhöhen und ihre Arbeits- und Beschäftigungsfähigkeit zu erhalten. Möglich ist auch, im Rahmen einer solchen Weiterbildung eine Ersatzarbeitskraft („Jobrotation") über die Bundesagentur für Arbeit zu finanzieren.

Die Zugangsbedingungen für *Eingliederungszuschüsse* wurden für Ältere gelockert. So können Unternehmen, die Personen einstellen, welche das 50.Lebensjahr vollendet haben, selbst dann einen Einstellungszuschuss erhalten, wenn kein Vermittlungshemmnis (beispielsweise eine lange Arbeitslosigkeit oder eine Behinderung) vorliegt. Bestand eine Arbeitslosigkeit über mindestens sechs Monate, kann eine Förderung für mindestens 12 und maximal 36 Monate erfolgen, sie beträgt 30 bis 50 % des Arbeitsentgeltes.

Hinzu kommt die für ältere ArbeitnehmerInnen erweiterte *Entgeltsicherung*. Arbeitslose, die einen Restanspruch von mindestens 120 Tagen Arbeitslosengeld I haben, können gefördert werden, wenn sie eine Beschäftigung aufnehmen, die niedriger bezahlt ist. Diese Entgeltsicherung wird für zwei Jahre, also länger als bisher, gewährt. Angenommen wird, dass die vergleichsweise längere Arbeitslosigkeit von Älteren mit ihrem bisherigen Lohnniveau zusammenhängt. Das Instrument kann so einen Ausgleich schaffen, wenn geringer dotierte Stellen angenommen werden.

Staatlicherseits kann Deutschland nunmehr auf deutlich veränderte Weichenstellungen hinsichtlich der gesetzlichen Rahmenbedingungen verweisen. Doch auch bezogen auf die praktischen Ausgestaltung des demographischen Wandels besteht bereits seit 2002 eine maßgebliche Initiative – die Initiative „Neue Qualität der Arbeit" (INQA). INQA ist eine Gemeinschaftsinitiative von Bund, Ländern, Sozialpartnern, Sozialversicherungsträgern, Stiftungen und Unternehmen. Zentrale Maxime der INQA ist, dass der Wandel der Arbeit eine neue Qualität der Arbeit erfordert als Voraussetzung für eine nachhaltige Wertschöpfung.

Entsprechend ist das Ziel dieses mithin wichtigsten Zusammenschlusses von staatlichen, wirtschaftlichen und gemeinnützigen AkteurInnen ist, gute Arbeitsbedingungen zu schaffen und dabei die Interessen der Beschäftigten und Unternehmen miteinander zu verbinden. Mit zahlreichen Produkten, Praxishilfen, Tools und Kooperationsmodellen trägt INQA bereits dazu bei, Veränderungsprozesse in den Unternehmen anzustoßen. Gleichsam wurden bei der INQA Thematische Initiativkreise (TIK) gegründet – spezialisierte Arbeitsgruppen etwa für Branchen oder für den demographischen Diskurs besonders relevante Themen, wie etwa lebenslanges Lernen. Die Mitglieder dieser Kreise setzen sich aus allen Bereichen der Gesellschaft zusammen, häufig sind es VertreterInnen aus Unternehmen.

Aktuell zu benennen ist eine pilothaft initiierte Weiterbildung zum „Human Capital Internal Auditor", die von der INQA finanziert wird. Ausgehend von der Annahme, dass der Bereich Humanressourcen nach Maßgabe der Unternehmensstrategie so gesteuert werden muss, dass die größtmöglichen Effekte für die Gesundheit, das Wohlbefinden, die Motivation etc. der Mitarbeiter/-innen erzielt werden. Steuerungs- und Analyseinstrumente dafür sind theoretisch vorhanden, dennoch findet die praktische Umsetzung in den Unternehmen noch zu selten statt. Ein Grund dafür ist das Fehlen von entsprechenden Aus- und Weiterbildungsmöglichkeiten. Diese Lücke will das genannte Projekt schließen helfen, indem ein Weiterbildungskonzept entwickelt und im Rahmen einer pilothaften Durchführung evaluiert wird. Insgesamt soll eine standardisierte und vor allem kontinuierliche Steuerung von Human-Capital-Belangen implementiert werden.

INQA stellt also eine ressourcenstarke Bündelung der gesellschaftlichen Kräfte zur Bewältigung des demographischen Wandels dar; hierin sind die Tarifpartner wesentlich engagiert.

Betriebliche Interessenvertretung und Tarifbeziehungen

Auf die Alterung der Belegschaften müssen die Betriebe mit einem breiten Spektrum an personalwirtschaftlichen Instrumenten reagieren. Aufgrund der tiefgreifenden Veränderungen, die durch die Änderungen in der Belegschaftsstruktur ausgelöst werden, ist ein enges Zusammenwirken von Personalabteilungen, Geschäftsleitung und betrieblichen Interessenvertretungen notwendig. Gerade die Betriebs- und Personalräte spielen eine Schlüsselrolle im Hinblick auf den Erfolg einer demografiefesten Personalpolitik. Um ein Beispiel zu nennen: Wenn alternsgerechte Arbeitsplätze entstehen sollen und in diesem Zusammenhang Beschäftigte Auskunft geben müssen über tätigkeitsbezogene Belastungen und Erkrankungen, werden sie dies am ehesten tun, wenn die Betriebsräte dafür stehen, dass die Informationen nicht gegen die Belegschaft, sondern für ihren Gesunderhalt verwendet werden.

Betriebs- und Personalräte sind Schlüsselakteure und vielfach geht von ihnen die Initiative zur Bewältigung des demografischen Wandels aus. Beispielhaft sei hier verwiesen auf:

- Demografischer Wandel und Alternsmanagement in der Automobilindustrie – Erfahrungen aus einem Projekt mit Betriebsräten:

  Beteiligt waren Betriebsräte der Automobilindustrie, hauptamtliche Gewerkschafter sowie Partner in Frankreich, Italien, Portugal und Finnland. Hier wurden alternsgerechte Wege der betrieblichen Personalpolitik erarbeitet. Zu diesem Zweck wurden Automobilkonferenzen durchgeführt, Konzepte wie „AGE-Kompetenz", Generationengerechtigkeit oder Qualifizierungstarifverträge vorgestellt und Multiplikatoren- und Beraternetzwerke gebildet.

- Betriebsräte in IT-Unternehmen[15]: Auf der jüngsten zentralen Fachtagung der IT-Betriebsräte wurde der demografische Wandel in das Zentrum der Diskussion gestellt. Neben einem Erfahrungsaustausch wurden hier konkrete Szenarien

15 Siehe auch www.betriebsraetetag.de/fileadmin/user_upload/PDF/Programm_BBT_2007.pdf, Stand 16.06.2009.

einer ausgewogenen Beschäftigungsstruktur in der IT Branche entworfen.

- Betriebsrätetag: Auch auf der Jahrestagung für Betriebsräte aller Branchen 2007 in Bonn war der demografische Wandel ein zentrales Thema. Unter dem Motto „Chancen durch Erfahrung – Betriebsräte gestalten den demografischen Wandel in Unternehmen“ wurde er aus verschiedenen Blickwinkeln diskutiert. In einem breiten Diskurs zwischen Politik, Wissenschaft, Beratung und Praxis wurden so die Herausforderungen aber auch Chancen des demografischen Wandels einer breiten betriebsrätlichen Öffentlichkeit zugänglich gemacht.

Insbesondere durch die Gewerkschaften und arbeitsorientierte Organisationen werden inzwischen spezifische Schulungen, Fortbildungen und Informationsangebote für Betriebs- und Personalräte angeboten.

Im Ergebnis lässt sich also festhalten, dass die betrieblichen Interessenvertretungen das Thema „demografischer Wandel“ professionell besetzen.

Auch die Gewerkschaften selbst arbeiten längst an zukunftsweisenden Konzepten: so sei verwiesen auf den Vorschlag der IG Metall „Sofortpaket Beschäftigungsbrücke“, der vor allem auf ältere und gesundheitlich beeinträchtigte Beschäftigte zielt.

Darüber hinaus ist das Thema jedoch längst auch in den Tarifbeziehungen angekommen, wie die inzwischen geschlossenen Tarifverträge zeigen: Bisher bestehen sie nur vereinzelt, sind daher als Innovation zu verstehen. Aber sie markieren eine Trendwende in Hinblick darauf, was derzeit Gegenstand von Tarifverhandlungen ist:

Am 21. September 2006 schlossen die Tarifvertragsparteien in der Eisen- und Stahlindustrie den ersten Tarifvertrag zur „Gestaltung des demografischen Wandels“ ab. Im April 2008 haben die Chemie-Arbeitgeber mit der Industriegewerkschaft Bergbau, Chemie und Industrie den „Tarifvertrag Lebensarbeitszeit und Demografie“ für die Chemische Industrie abgeschlossen. Zum ersten Mal wurde somit ein klares Gebot zu Handeln in den Unternehmen vereinbart und zugleich auch Geld für diese Veränderungen eingeplant.

Die Tarifparteien entscheiden dabei gemeinsam, welche demografierelevanten Handlungsfelder angegangen werden sollen. Durch eine Demografie-Analyse, die die Alters- und Qualifikationsstrukturen des Betriebes beleuchtet, wird eine Wissengrundlage geschaffen. Mögliche Handlungsfelder sind: alters- und alternsgerechte Arbeitsorganisation, altersgerechte Arbeitszeitmodelle, betriebliche Gesundheitsförderung, Qualifizierungsmaßnahmen und Nachwuchssicherung.

Neben den zu bearbeitenden Handlungsfeldern besteht im Chemie-Tarifvertrag eine zweite Säule: ein Demografie-Fonds, in den Geld eingezahlt wird, über dessen Einsatz die Tarifparteien in einem Unternehmen gemeinsam entscheiden sollen. Der Fonds kann genutzt werden, um Langzeitkonten einzurichten, die dann von den Beschäftigten mit Zeit und Geld aufgefüllt werden und einen früheren Ausstieg aus dem Erwerbsleben finanzieren können, oder Altersteilzeit finanzierbar zu machen. Möglich ist auch die Finanzierung einer Berufsunfähigkeits-Zusatzversicherung, einer Teilrente oder einer tariflichen Altersvorsorge. Die Betriebe arbeiten zurzeit an der Umsetzung dieser Vorgaben.

Neben diesen Flächentarifverträgen bestehen inzwischen ebenso Konzerntarifverträge, so z. B. der Tarifvertrag „Demografischer Wandel, globaler Wettbewerb und betriebliche Sozialpolitik“ der Hamburger Hafen und Logistik AG[16]. Auch hier wird der Gestaltung einer demographiefesten Personalpolitik hohe Priorität eingeräumt.

Es ist als sicher anzunehmen, dass weitere Branchen und Betriebe diesem Beispiel folgen. Der demografische Wandel hat somit absolut an Bedeutung gewonnen im betrieblichen Handeln: ganz praktisch für die betrieblichen Interessenvertretungen aber auch in Bezug auf die Regelungen und die einzuplanenden Ressourcen, auf die sich die Tarifparteien einigen.

16 www.hhla.de/fileadmin/download/HHLA_DemografischerWandel.pdf.

Die Situation in Branchen und Betrieben

Die demografische Debatte ist – wie schon die Beschreibung der Aktivitäten von Betriebsräten und Tarifpartnern zeigte – längst in den Betrieben angekommen. Mehr noch, längst spüren die Betriebe ganz praktisch den demografischen Wandel, sei es, dass Fachkräfte auf den regionalen und überregionalen Arbeitsmärkten schwer zu rekrutieren sind, sei es, dass die Arbeitsplätze und Arbeitsbedingungen nach wie vor nicht ausreichend alternsgerecht gestaltet sind, so dass viele ältere Wissensträger die Unternehmen vorfristig verlassen.

Insgesamt gilt, dass das Durchschnittsalter der Belegschaften in den Betrieben in Deutschland ansteigt. So stieg das mittlere Alter der Beschäftigten von 40,0 Jahren im Jahr 2000 auf 41,5 Jahren in 2005. Dabei sind weibliche Belegschaften geringfügig älter als die Gesamtbelegschaften.

Auch in Branchen und Betrieben sehen wir einen Unterschied zwischen West- und Ostdeutschland. Vor allem transformationsbedingt gibt es in Ostdeutschland stark überalterte Bereiche mit wenigen oder keinen jungen und vielen älteren Beschäftigten. Dies betrifft vor allem hochqualifizierte Beschäftigte. Die entsprechenden überalterten Betriebe werden am schnellsten mit Fachkräftemangel konfrontiert sein. Nachfolgende Grafiken zeigen die Unterschiede zwischen Ost- und Westdeutschland:

Abbildung 13: **Anteile jüngere und älterer Beschäftigter in Betrieben in Ost- und Westdeutschland**

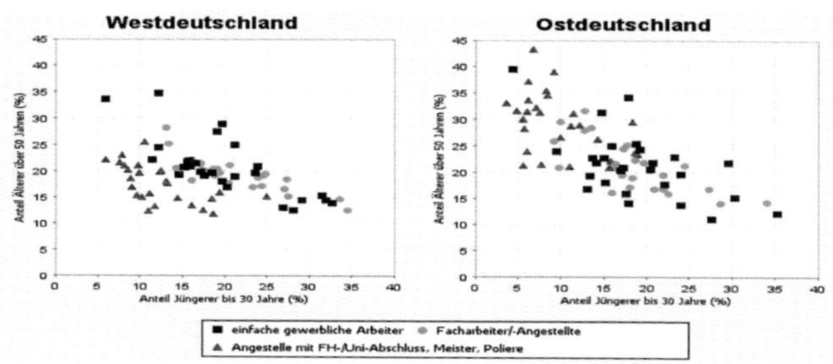

Quelle: Beschäftigtenpanel der Bundesagentur für Arbeit 2005 sowie Berechnungen des Sonderforschungsbereich 580 – Gesellschaftliche Entwicklungen nach dem Systemumbruch der Universitäten Jena und Halle/Wittenberg

Ostdeutschland ist somit auch bezogen auf sein wirtschaftliche Leistungsfähigkeit früher mit demografischen Herausforderungen konfrontiert als Westdeutschland. Werden nun die Fähigkeiten betrachtet, diese Herausforderungen zu bewältigen, dann zeigt sich jedoch nicht so sehr ein Ost-West-Unterschied. Die Verteilung dieser Fähigkeiten vollzieht sich derzeit eher entlang der Unternehmensgröße:

Bezogen auf die Aktivitäten einzelner Betriebe lässt sich feststellen, dass auf Grund der unterschiedlichen Verteilung der Ressourcen für Personalentwicklung vor allem große Unternehmen bereits heute engagiert dem demografischen Wandel begegnen. Hier ist die Sammlung Guter Praxis inzwischen nahezu unüberschaubar geworden – in allen Branchen und allen Regionen handeln viele große Unternehmen „demografiesensibel".[17]

Den Anstoß gab durchaus die Politik – wie im Falle der ING-DiBa AG, die im Rahmen der „Azubis 50+"-Aktion, finanziert über die Initiative 50plus des Bundesministeriums für Arbeit und Soziales, Ausbildungen realisiert. Vielfach sind die Unternehmen jedoch auch aus eigenem Antrieb tätig geworden.

In kleinen und mittleren Unternehmen hingegen sieht die Situation oftmals anders aus. Sie verfügen meist nicht über hinreichende personalpolitische Ressourcen und sind daher auf Unterstützung angewiesen bei der Bewältigung des demografischen Wandels. Eine repräsentative Umfrage des Instituts für gesundheitliche Prävention ergab, dass 77,5 % der kleinen und mittleren Unternehmen nicht über Instrumente verfügen, um Prognosen aufgrund von Altersstrukturanalysen zu erstellen.[18] Gerade hier ist also die Unterstützung durch öffentliche Akteure und die Tarifparteien außerordentlich notwendig.

Dies geschieht sowohl durch die Bundesländer als auch durch die einschlägigen Verbände.

17 Für weitere Informationen siehe www.inqa.de/Inqa/Navigation/Gute-Praxis/, Stand: 25.05.2009.

18 Vgl.: IPFG: MIAA-Unternehmensreport. Demographischer Wandel – Stand der Auseinandersetzung in deutschen Unternehmen – Ergebnisse einer bundesweiten Onlinebefragung deutscher Unternehmen im Rahmen des Projektes „Menschen in altersgerechter Arbeitskultur – arbeiten dürfen, können und wollen (MIAA), Münster 2009. www.miaa.de bzw. www.ipfg.de

In Hessen etwa begann die Bearbeitung des Themas mit einer Bestandsaufnahme. Die Studie „Demografischer Wandel und Erwerbstätigkeit von Älteren: Zukünftiges Arbeitsangebot und gegenwärtige Beschäftigungssituation", finanziert durch das Land Hessen und ESF, bildete die Grundlage für die Entwicklung eines Konzepts zur Aktivierung der hessischen Wirtschaft.[19]

Vor diesem Hintergrund operieren Projekte, die gezielt auf die Veränderung der betrieblichen Personalpolitik gerichtet sind. Etwa der „Betriebliche Dialog zum demografischen Wandel", gefördert vom Land Hessen, dem ESF und der Vereinigung der hessischen Unternehmerverbände. Das Vorhaben unterstützte Unternehmen bei der Vorbereitung auf die Auswirkungen der demografischen Veränderungen.

Hierbei wurden Anleitungen sowie Best-Practice-Beispiele zur Verfügung gestellt und für Unternehmen individuelle Ansätze konzipiert.[20] Durch die Homepage des Projektes ist gewährleistet, dass die Erfahrungen und guten Beispiele auch über den Projektrahmen hinaus zur Verfügung stehen.

Zu nennen sind in diesem Zusammenhang auch die hessischen „Demografie-Dialoge"[21]. Diese gibt es in Städten, Gemeinden und Landkreisen. Sie sollen möglichst viele lokale Akteure aus Politik, Verwaltung, Schulen, Vereinen, Kirchen und Betrieben zusammenführen und die gemeinsame Problemsicht fördern. 2008 wurden in 22 Städten und Gemeinden ein solcher Dialog implementiert, die hessische Staatskanzlei wird die Erfahrungen allen Landkreisen und Kommunen zugänglich machen.

Ähnliche Konzepte werden etwa in Nordrhein-Westfalen verfolgt, so die „NRW-Demografiekonferenzen". Diese wurden vom NRW-Arbeitsministerium gemeinsam mit den Sozialpartnern von September 2007 bis Januar 2008 in den fünf Regierungsbezirken Nordrhein-

19 2005 wurde die Studie veröffentlicht. Nachfolgend entstanden weitere Studien, so dass es inzwischen die demografische Situation in Hessen gut erfasst ist.
Vgl.: unter http://www.hessen-agentur.de/dynasite.cfm?dssid=75&tdsmid=6995, Stand: 18.05.2009.

20 Nachzulesen auch www.mit-offenen-augen.de, Stand 14.05.2009.

21 Eine gute Auflistung der Vorhaben findet man auf den Internetseiten der HessenAgentur GmbH (http://www.hessen-agentur.de/dynasite.cfm?dssid=75&tdsmid=6994, Stand 18.05.2009.

Westfalens veranstaltet. Die Ergebnisse der Konferenzen zeigen, dass regionale Strukturen und die Förderung regionaler Netzwerke in Kombination mit flächendeckenden Informations-, Service-, Beratungs- und Förderangeboten unverzichtbar sind, um Unternehmen und Beschäftigte bei den Anpassungsprozessen zu unterstützen.[22] Gerade kleine Unternehmen, etwa im Handwerk, sind auf eine Unterstützung durch ihre Verbände angewiesen und erhalten durch sie Zugang zu Informationen und weiteren Unterstützungsmöglichkeiten.

Nachfolgend werden die Branchen Gesundheitswesen und Chemische Industrie differenziert betrachtet. Beide Branchen stellen zum Teil hohe körperliche Anforderungen an ihre Beschäftigten. Daher ist hier zu erwarten, dass zukunftsweisende Lösungen gefunden werden zum Erhalt der Beschäftigungsfähigkeit. Sowohl im Gesundheitswesen mit seinen steigenden Beschäftigtenzahlen als auch in der Chemischen Industrie ist es gelungen, einen intensiven Dialog zum Thema Demografischer Wandel zu etablieren. Viele Ideen und Aktionen entstehen und können auch über diese Branchen hinaus Möglichkeiten zu einer Gestaltung des veränderten Arbeitslebens geben.

Gesundheitswesen

Das Gesundheitswesen zählt bereits heute zu den wichtigsten Beschäftigungszweigen in Deutschland. Rund 11% aller Beschäftigten, insgesamt rund 4,31 Millionen, arbeiteten 2006 in diesem Sektor – mehr als zehnmal so viele wie beispielsweise in der Chemischen Industrie[23]. Im Vergleich zu anderen Branchen nahm die Beschäftigtenzahl im Gesundheitswesen in den vergangen Jahren stark zu – so wurde im Zeitraum zwischen 2001 und 2006 ein Plus von 4,1 Prozentpunkten gezählt – und wird auch in der Zukunft äußerst dynamisch ansteigen. Dabei sind es die klassischen Bereiche der medizinischen Versorgung, die ausgebaut werden müssen. Zugleich sind es aber auch neue Bereiche der Versorgung und Unterstützung, die entstehen, so etwa im Bereich der Demenz oder anderer Alterserkrankungen.

22 Siehe dazu http://www.arbeit-demografie.nrw.de/, Stand 15.06.2009.

23 Siehe Statistisches Bundesamt: Statistisches Jahrbuch 2008 für die Bundesrepublik Deutschland, 2008.

Das Gesundheitswesen in Deutschland ist eine Frauenbranche: So waren im Jahr 2006 waren fast drei Viertel aller Beschäftigten (72,3 %) weiblich.

Für eine Betrachtung des betrieblichen Umgangs mit den demografischen Herausforderungen eignet sich das Gesundheitswesen in besonderer Weise:

- Erstens zählt es zu den Sektoren, dem mithin die größten Wachstumschancen prognostiziert werden. Hintergrund der steigenden Nachfrage nach Gesundheitsdienstleistungen ist sowohl die steigende Anzahl Älterer an der Bevölkerung als auch die allgemein höhere Wertschätzung von Gesundheit und Wellness bei weiten Teilen der Bevölkerung. In diesem Sinne muss das Gesundheitswesen allein in quantitativer Hinsicht große Anstrengungen unternehmen, diesen Fachkräftebedarf zu decken.
- Zweitens ergeben sich auch in qualitativer Hinsicht veränderte Anforderungen aus dem demografischen Wandel der Bevölkerung: die zukünftig stark steigende Anzahl von Hochbetagten – innerhalb dessen zum Beispiel auch von Demenzkranken – erfordert, dass sich Betriebe und Beschäftigte der Gesundheitswirtschaft auf die sich daraus ergebenden Anforderungen an das Dienstleistungsprofil einstellen. Dies meint vor allem das gesamte Feld der Qualifizierung: Bisher sind noch deutlich zu wenige Kräfte auf die fachlichen Anforderungen in der Geriatrie vorbereitet.
- Drittens sind die Arbeitsbedingungen im Gesundheitswesen auf Grund von schweren körperlichen und psychischen Anforderungen, aber auch auf Grund der hochflexibilisierten Arbeitszeiten stark belastend. In kaum einen anderem Sektor scheiden so viele Beschäftigte vor Erreichen des Rentenalters aus dem Beruf aus oder wechseln die Branche, sobald sie vor das Problem gestellt werden, Schichtarbeit mit Familienaufgaben zu vereinbaren. Insofern sind gerade im Gesundheitswesen Fragen der alterns- und lebenslagengerechten Arbeitsgestaltung von hoher Relevanz.

- Viertens bildet im Hinblick auf die Alterung der Belegschaften auch das Gesundheitswesen keine Ausnahme: Auf Grund der hohen Fluktuation und vieler Abgänge vor dem gesetzlichen Rentenalter wegen hoher körperlicher Belastung arbeiten derzeit zwar noch wenige Ältere im Gesundheitswesen, doch stieg ihr prozentualer Anteil an allen Beschäftigten von 20,59 % im Jahr 2002 auf 23,41 % im Jahr 2006.[24]

In Anbetracht des kurz geschilderten Problembündels ist es gerade die Gesundheitswirtschaft, der unterstellt werden kann, aufgrund der außerordentlichen Herausforderungen auch innovative und umfassende Konzepte zur Bewältigung seiner demografisch bedingten Probleme zu entwickeln. Die Ergebnisse der Aktivitäten solcher Vorreiterbranchen können nachfolgend auch für andere Branchen fruchtbar gemacht werden.

Bezogen auf die Frage, wie Betriebe der Alterung ihrer Belegschaften begegnen können und müssen, ergibt sich für das Gesundheitswesen vor allem Handlungsbedarf bei den Arbeitsbedingungen: Hier ist der Arbeitsalltag vieler Beschäftigter von hoher körperlicher Belastung oder Schichtarbeit (beispielsweise in der Pflege) geprägt.

Zu den Hauptbelastungsfaktoren zählen:

- überdurchschnittlich lange Arbeitszeiten und Überstunden,
- ausgeprägte Hierarchie- und verkrustete Professionsstrukturen,
- im Vergleich zu anderen Berufen auf der Facharbeiterebene bei Pflegekräften deutlich geringere Entlohnung,
- flexible und lange Arbeitszeiten und häufiger Schichtbetrieb,
- fachfremder und zum Teil unterfordernder, patientenferner Einsatz von Pflegekräften[25].

Diese hohen Belastungen sind verantwortlich für die hohe Anzahl von Personalabgängen in der Branche. Das IAB-Betriebspanel von 2001 weist aus, dass von den ungefähr 220 Tsd. Personalabgängen aus dem deutschen Gesundheitswesen etwa 45% von den Beschäftigten selbst ausgelöst wurden. Dieser Wert liegt um

24 Siehe Statistisches Bundesamt: Statistisches Jahrbuch 2008 für die Bundesrepublik Deutschland, 2008, S. 257.

25 Siehe ebd., S. 128.

knapp zehn Prozentpunkte über dem gesamtwirtschaftlichen Wert und wurde in dieser Höhe von keinem anderen Wirtschaftszweig erreicht.[26]

Weitere Indizien für belastende Arbeitsbedingungen finden sich etwa in der Altenpflege: überdurchschnittlich viele Heimbetreiber verzeichnen hohe Fehlzeiten, einen hohen Krankenstand und beklagen mangelnde Arbeitsmotivation[27]. Ergebnisse einer breit angelegten Studie zu Pflegeberufen in Europa[28] zeigen, dass in Deutschland fast jeder Fünfte ernsthaft daran denkt, den Pflegeberuf zu verlassen. Nur 46% der Befragten gab an, insgesamt zufrieden zu sein mit der Arbeit. Mit den Arbeitszeiten sind 40% der Befragten unzufrieden, das ist der höchste Wert in Europa.

Im Bereich der Kranken- und Altenpflege ist dementsprechend in den letzten Jahren auch ein deutlicher Einbruch der Auszubildendenzahlen festzustellen (-19 %)[29]. Steigender Kostendruck sowie vermehrte Privatisierung verringern die Ausbildungsstellen, zugleich wollen immer weniger junge Menschen in diesem Bereich arbeiten.

Im Rahmen des DGB-Index Gute Arbeit wurden Beschäftigte danach befragt, ob sie glauben, bis zur Rente in ihrem Beruf tätig sein zu können.

Im Gesundheits- und Sozialwesen gaben 40 % die Antwort „Nein, wahrscheinlich nicht“, 42 % sagten „Ja, wahrscheinlich“ und 18 % wussten es nicht. D.h. die Mehrheit sieht sich nicht in der Lage, ihren Beruf auch in höherem Alter noch ausüben zu können. Nur in den Wirtschaftszweigen Baugewerbe (52 %) und Nachrichtenübermittlung (42 %) schätzten die Befragten die Lage noch schlechter ein.[30]

26 Siehe Gewiese, Tilo / Leber,Ute / Schwengler, Barbara: Personalbedarf und Qualifizierung im Gesundheitswesen - Ergebnisse des IAB-Betriebspanels und der IAB-Gesundheitsstudie, in: MittAB 2/2003, S. 152.

27 Vgl. ebd., S. 157.

28 Vgl.: NEXT -Studie= nurses' early exit study, Koordination Bergische Universität Wuppertal, 2003

29 Vgl. Bandemer, Stephan von u.a.: Gesundheitswirtschaft: die große Hoffnung auf des Messers Scheide? Die Gesundheitswirtschaft als Gestaltungsfeld moderner, personenbezogener Dienstleistungsarbeit – Herausforderungen für die Arbeitsgestaltung, Qualifizierung und berufliche Bildung, in: Institut Arbeit und Technik: Jahrbuch 2003/2004, Gelsenkirchen, 2004, S. 126.

30 Siehe DGB-Index Gute Arbeit GmbH (Hrsg.): DGB-Index Gute Arbeit 2008 – Der Report, S. 10.

Eine Differenzierung der Antworten nach gesundheitswirtschaftlichen Berufsgruppen zeigt, dass die Bewertungen in den sozialpflegerischen Berufen noch schlechter ausfallen: Hier gaben 48% an, sich nicht vorstellen zu können, ihre Arbeit bis zur Rente auszuführen. In der Tat befindet sich unter den Beziehenden von Erwerbsminderungsrenten ein hoher Anteil aus sozialpflegerischen Berufen.[31]

Abbildung 14: **Anteil derjenigen, die glauben, nicht bis zur Rente durch halten zu können**

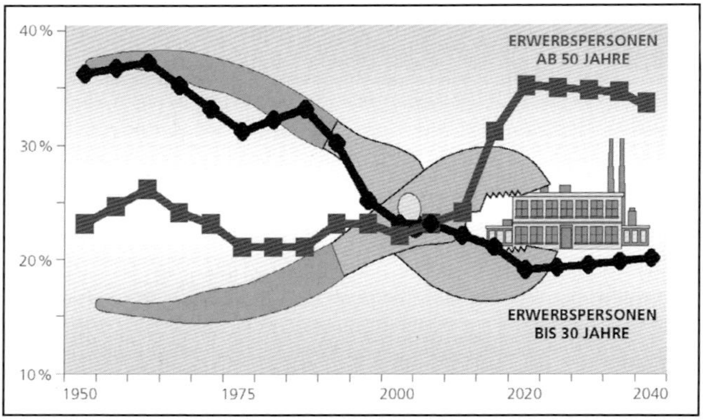

Quelle: Kerschbaumer, Judith / Räder, Evelyn: In Arbeit bleiben – wieder in Beschäftigung kommen, in: Aus Politik und Zeitgeschichte 18-19/2008: 30-39

Die Diskussion um die Arbeitsbedingungen in Pflege und Gesundheitswesen ist nicht neu. Jedoch verschärfen die wachsenden Rekrutierungsprobleme der Branche und die hinzukommenden neuen Anforderungen durch die strukturellen Veränderungen und Neuerungen die Situation, so dass inzwischen eine Vielzahl von Initiativen und Maßnahmen auf den Weg gebracht wurde. Im Kern geht es hierbei um eine Veränderung der Arbeitsbedingungen, um den Erhalt der Beschäftigungsfähigkeit und darum, die Branche insgesamt attraktiver zu machen für Nachwuchskräfte.

31 So liegt der Anteil der Erwerbsminderungsrenten an allen Rentenzugängen 2007 bei den Gesundheitsdienstberufen bei 29%, bei den Sozialpflegerischen Berufen bei 31%. Höher ist der Anteil nur noch bei den Bau- und Baunebenberufen (36%), siehe ebd.

Im September 2007 wurde der Soziale Dialog für das Gesundheitswesen von der EU-Kommission ins Leben gerufen. Bei der demografischen Entwicklung steht das Personal in den Kliniken im Vordergrund. Steigendes Durchschnittsalter der Belegschaften, Voranschreiten des technischen Fortschritts und neue Aufgaben für die Beschäftigten stellen die Kliniken vor die Frage, wie gerade ältere Arbeitnehmerinnen und Arbeitnehmer altersgerecht weitergebildet werden können und wie ihre Arbeit altersgerecht gestaltet werden kann. Zudem stellt sich vor dem Hintergrund der hohen Fluktuation in der Branche und dem hohen Anteil der Beschäftigten, die ihren Beruf nicht bis zur Rente ausüben können, die Frage, wie ältere Fachkräfte gehalten werden können.

Neben der Fachtagung auf europäischer Ebene gibt es für die Krankenhäuser als zweites Instrument des Sozialen Dialogs die „gemeinsame repräsentative Task Force", eine Arbeitsgruppe, die die Fachtagungen und die Beratungen der Sozialpartner zur Umsetzung von Maßnahmen und Entscheidungen im Gesundheitswesen - konkret im Krankenhaussektor – vorbereitet. Die gemeinsame repräsentative Task Force soll die Möglichkeiten der Sozialpartner für die Gestaltung der zukünftigen Beschäftigungsentwicklung im Krankenhaussektor verbessern und den sozialen Dialog auf europäischer, nationaler, regionaler und örtlicher Ebene zusammenführen.

Auf nationaler Ebene zeigt die 5. Nationale Branchenkonferenz Gesundheitswirtschaft 2009 (07/08.5.2009 in Rostock) wie wichtig das Thema Demografie für die Branche ist: Hier diskutierten an zwei Tagen Experten zum Thema „Erfolgreich altern – der demografische Wandel als Herausforderung für die Gesundheitswirtschaft". Die Problematik wurde auch hier von beiden Seiten, der Kunden auf der einen Seite und der Beschäftigten der Branche auf der anderen Seite, betrachtet und erörtert. Der demografische Wandel wurde in seinen Auswirkungen auf die gesamte Gesellschaft dargestellt, die Veränderungen für die Gesundheitswirtschaft nachvollzogen und Beispiele vorgestellt, wie dem Wandel in den Betrieben der Branche begegnet werden kann.

Da der demografische Wandel besonders in den Pflegeberufen als Herausforderung gesehen wird, gibt es gezielt für diese Berufsbranche viele Vorhaben auf Bundesebene. So hat das Bundesministerium für Familie, Senioren, Frauen und Jugend, das bereits von 2004 bis 2008 das Modellvorhaben zur Weiterentwicklung der Pflegeberufe „Pflegeausbildung in Bewegung“[32] durchführte, im September 2008 die Fachkampagne „Berufsfeld: Moderne Altenpflege“ ins Leben gerufen. Ziel der bis März 2009 laufenden Fachkampagne war es, über das Berufsbild zu informieren, für das Berufsfeld Altenpflege zu werben und es gesellschaftlich aufzuwerten. Nur wenn das Berufsfeld als modern, interessant und attraktiv gilt, werden Pflegekräfte in der Altenpflege bleiben, werden sich mehr junge Menschen für den Ausbildungsberuf entscheiden. Deshalb sollte die Öffentlichkeit stärker auf das Berufsfeld mit seinen vielen Facetten aufmerksam gemacht werden.

Doch auch jene Initiativen und Projekte, die konkret in den Betrieben wirken, sind inzwischen zahlreich. Zunächst ist das Projekt „Gestaltung altersgerechter Arbeitsbedingungen im Krankenhaus und Altenheim (GAbi)“ zu nennen.[33] Ziel von GAbi ist die modellhafte Erarbeitung eines Praxisleitfadens in Hinblick auf die Gestaltung der Arbeitsbedingungen älterer Erwerbstätiger im Sozial- und Gesundheitswesen, ein eLearning-Tool wird ebenfalls erstellt. In diesem Zusammenhang werden Arbeitsstrukturen und -abläufe betrachtet, MitarbeiterInnen- und ExpertInneninterviews durchgeführt, Arbeitsanalysen an ausgewählten Arbeitsplätzen gemacht sowie Workshops veranstaltet. Auf der Grundlage der Ergebnisse werden Maßnahmenkataloge erstellt und umgesetzt, der Praxisleitfaden wird erarbeitet und im Sinne der Ergebnissicherung veröffentlicht, online dargestellt und in die Unternehmen der Branche transferiert. Das Projekt verspricht, gerade dadurch, dass es sehr viel Wert auf einen Transfer der Ergebnisse legt, gute Chancen, die Arbeitsbedingungen in Krankenhäusern und Altenheimen verändern zu können.

32 Siehe http://www.pflegeausbildung.de/home/, Stand 15.07.2009.

33 GABI ist eine Kooperation zwischen der Professur für Arbeits- und Organisationspsychologie der Universität Flensburg und der Ev.-Luth. Diakonissenanstalt zu Flensburg (DIAKO)mit Förderung durch das Bundesministerium für Arbeit und Soziales (BMAS) und die Bundesanstalt für Arbeitsschutz und Arbeitsmedizin(BAuA). Siehe auch www.gabiprojekt.de, Stand 25.05.2009.

An den Arbeitsbedingungen aller Beschäftigten, die nicht zuletzt, wenn sie gut gestaltet sind, zu einem längeren Verbleib der Beschäftigten auch ins Alter hinein in dem Betrieb führen können, setzen Forderungen der Rotkreuzschwestern an. Der Verband der Schwesternschaft vom DRK e.V. hat im Rahmen seines im Mai 2009 stattgefundenen Bundeskongresses eine nachhaltige Veränderung des Berufsbildes der Pflege gefordert. Er wies darauf hin, dass aufgrund des demografischen Wandels nicht nur der Bedarf an professionellen Pflegekräften in den nächsten Jahren deutlich steigen wird, sondern sich auch der Tätigkeitsbereich verändern wird. Nach Ansicht der Rotkreuzschwestern erfordert die Versorgung hochbetagter und schwersterkrankter Menschen künftig eine Verbindung von Prävention, Kuration, Rehabilitation und Pflege.

Unter dem Dach der Initiative Neue Qualität der Arbeit (INQA) wurde im Jahr 2004 der Thematische Initiativkreis „Gesund Pflegen" in Dortmund gegründet. Der Initiativkreis bietet eine Plattform für den gegenseitigen Informationsaustausch und gemeinsame Arbeit an wichtigen Themen im Bereich der Pflege. Dabei geht es im Wesentlichen darum, im Sinne der Forderung der DRK-Schwersternschaft, den Pflegeberuf so zu gestalten, dass er den veränderten Anforderungen gerecht wird und die Beschäftigten gute Arbeitsbedingungen vorfinden. Zentrales Ziel ist, die Gesundheit der Pflegekräfte zu erhalten. Aber auch die Steigerung der Qualität der Pflegedienstleistungen, die Wettbewerbsfähigkeit der Einrichtungen sowie die Verbesserung der öffentlichen Wertschätzung der Pflegenden werden angestrebt.[34]

Mitglieder des Bündnisses sind unter anderem die Bundesministerien für Wirtschaft und Arbeit sowie für Familie, Senioren, Frauen und Jugend, das Deutsche Rote Kreuz, verschiedene Universitäten und Fachhochschulen und Forschungsinstitute sowie die Dienstleistungsgewerkschaft ver.di.

Ein gutes Beispiel für eine Unternehmenskultur, die auf die Bedürfnisse der Beschäftigten eingeht, sind die Heiligenfeld Kliniken in Bad Kissingen. Die Kliniken, die den ersten Platz im Wettbewerb

34 Siehe auch http://www.inqa.de/Inqa/Navigation/Themen/Gesund-Pflegen/initiativkreis, did=158390.html, Stand 15.06.09.

Beste Arbeitgeber im Gesundheitswesen in Deutschland und Europa erreicht haben, setzen dem anstrengenden Arbeitsalltag in der Pflege eine „Kultur der Wertschätzung“[35] entgegen, kümmern sich um das psychische und körperliche Wohl des Personals. Mehrere Mitarbeiter und Mitarbeiterinnen geben in eigens dafür zur Verfügung gestellten Räumlichkeiten Massage-, Kosmetik- oder Wellnessanwendungen. Alle Beschäftigten erhalten in regelmäßigen Abständen Gutscheine für Behandlungen, bei besonderen Belastungen oder auch außergewöhnlichem Engagement oder Leistungen werden auch zusätzliche Gutscheine vergeben. Zudem gibt es seit 2006 eine so genannte „Caring-Managerin“, die sich um das Wohlbefinden der Beschäftigten kümmert und in unregelmäßigen Abständen für kleine Aufmerksamkeiten und Überraschungen sorgt. Bereits seit 2005 erhalten alle „Geburtstagskinder“ ein Drei-Gänge-Menü, gestaltet von den Auszubildenden. Eine umfassende Personalentwicklung mit in- und externen Fortbildungen, überdurchschnittlich viele Fortbildungstage sowie Entwicklungsprogramme für Mitarbeiterinnen, Mitarbeiter und Führungskräfte runden das Bild ab. Eine große Arbeitszufriedenheit, engagierte Beschäftigte und in der Folge auch zufriedene Patienten zeigen den Erfolg dieser Strategie.

Gerade die Beispiele aus der Pflege zeigen, dass die Anforderungen weiter wachsen und in keinem Verhältnis mehr zur Wahrnehmung in der Gesellschaft und auch zur Bezahlung stehen. Helfen können da Aufwertungen von der politischen Ebene, wie die Aktionen des Bundesministeriums für Familie, Senioren, Frauen und Jugend ebenso wie höherer Wertschätzung durch den Arbeitgeber wie bei den Heilligenfeld Kliniken gesehen.

Zu einer langfristigen Aufwertung kann auch eine steigende Professionalisierung der Berufe führen. So wurde 2004 der Studiengang „Bachelor of Nursing“ in Berlin eingeführt. Viele Hochschulen sind dem Beispiel bereits gefolgt, so dass langfristig die grundständige generalistische Hochschulausbildung für die Pflege sich durchsetzen dürfte. Dies führt zum einen zu einer Aufwertung des Berufsstandes und zu einer besseren Vorbereitung auf die kom-

35 Siehe http://www.inqa.de/Inqa/Navigation/Gute-Praxis/datenbank-gute-praxis, Stand 15.07.2009.

menden Tätigkeiten, es vereinfacht aber auch das Zusammengehen mit anderen europäischen Ländern, die sich ebenfalls in dieses Richtung entwickeln.

Zusammengefasst bedeutet ein verantwortungsvoller Umgang mit den Herausforderungen des demografischen Wandels in der Gesundheitswirtschaft vor allem das Schaffen besserer Arbeitsplätze, um bereits hier Beschäftigte länger zu halten und junge Menschen oder Berufswechsler zu ermutigen, in dieser Branche eine Tätigkeit aufzunehmen.

Dazu gehören

- eine höhere Wertschätzung der Beschäftigten in der Öffentlichkeit,
- eine angemessene Entlohnung der Tätigkeiten,
- bessere Arbeitsbedingungen in den Betrieben,
- Schaffung eines lernförderlichen Umfelds und Weiterbildungsangebote.

Ein Schritt kann die Akademisierung einiger Bereiche, etwa Teilen der Pflege sein, aber gerade auch die geringer qualifizierten Beschäftigten müssen durch Fort- und Weiterbildung arbeits- uns beschäftigungsfähig gehalten werden. Ausgleichsmöglichkeiten zur körperlich und psychisch belastenden Arbeit in der Branche sind notwendig, um die schwierige Situation, vor der die Beschäftigten unter anderem laut DGB-Index Gute Arbeit stehen, abzufangen.

Chemische Industrie

Die chemische Industrie ist die viertgrößte Industriebranche in Deutschland. Ihr Anteil am Umsatz des Verarbeitenden Gewerbes beträgt 10 %. Damit liegt sie hinter dem Kraftfahrzeugbau (20 %), dem Maschinenbau (13 %) und der Elektrotechnik (12 %) auf dem vierten Platz.[36] Im Juni 2007 waren in der chemischen Industrie 432.973 Personen sozialversicherungspflichtig beschäftigt, davon 68 % Männer.[37] Insgesamt sind die Beschäftigtenzahlen in den

36 Siehe Verband der Chemischen Industrie, online: http://www.vci.de/Die_Branche/default2~cmd~shr~docnr~114558~nd~~rub~735~ond~n01~c~5.htm, Stand: 30.04.2009.

37 Siehe Beschäftigungsstatistik der Bundesagentur für Arbeit, Stichtag Juni 2007.

letzten Jahren rückläufig, zählte die Branche doch vor 15 Jahren noch gut 100.000 Personen mehr in Beschäftigung.

Chemiebeschäftigte sind vergleichsweise jung: 2004 waren 18 % der Beschäftigten insgesamt 50 Jahre und älter.[38] Für das Verarbeitende Gewerbe lag der Anteil 2007 bei knapp 26 % und branchenweit in Deutschland bei etwa 23 %.[39]

Der relativ geringe Anteil von älteren Beschäftigten zeigt, dass die Arbeitsbelastungen in der Industrie vor allem für den Körper hoch sind und viele daher nicht bis zum Erreichen ihres regulären Rentenalters tätig bleiben. Informationen aus dem DGB-Index Gute Arbeit sind bezogen auf die chemische Industrie nur näherungsweise zu erhalten, da hier die Branche nicht trennscharf dargestellt ist. Zieht man die Kategorie „Ingenieurberufe, naturwissenschaftliche Berufe" heran, die nur einen Teilbereich abdecken, ist das Ergebnis des Index vergleichsweise gut. 19 % der Beschäftigten erwarten nicht, unter ihren Arbeitsbedingungen bis zur Rente arbeiten zu können, der Anteil der Erwerbsminderungsrenten an den Rentenzugängen beträgt nur 7 %.[40]

In Deutschland gelten die Tarifparteien der Chemischen Industrie als Vorreiter, schufen sie doch mit dem Tarifvertrag „Lebensarbeitszeit und Demografie" in 2008 erstmals ein branchenweit geltendes Regelwerk, dass qualitative Elemente zur Bewältigung des demografischen Wandels enthält. Doch bereits zuvor war die Chemie auch europaweit aktiv: Die europäischen Chemie-Sozialpartner ECEG und EMCEF formulierten bereits am 10.09.2004 in Helsinki ein Positionspapier zum Thema „Bildung, Berufsausbildung und lebenslanges Lernen". Sie betonen das beiderseitige Interesse an einer hohen und dauerhaft guten Qualifikation der Beschäftigten.

2006 definierten die Chemie-Sozialpartner in ihrer gemeinsamen Erklärung Qualifizierung auf der Basis der Tarifverträge „Zukunft durch Ausbildung" und „Qualifizierung" Maßnahmen zur Nachwuchssicherung sowie zur Qualifizierung der Beschäftigten in der

38 ZEK (Zentrum für Europäische Wirtschaftsforschung GmbH): IKT-Report Mai 2005, S. 4.
39 Siehe Commerzbank: Unternehmerperspektiven – Abschied vom Jugendwahn?, 2009, S. 11.
40 Siehe DGB-Index Gute Arbeit GmbH (Hrsg.): DGB-Index Gute Arbeit 2008 – Der Report, 2008, S. 11.

Branche. In dieser Erklärung findet sich explizit das Modell des lebenslangen Lernens zur Sicherung der Beschäftigungsfähigkeit. Die Steigerung der Bildungsbeteiligung insbesondere bei Un- und Angelernten, Frauen, ausländischen Arbeitnehmern sowie bei älteren Arbeitnehmern erhält hierin besonderen Stellenwert.

Auch in der bereits genannten tripartistischen Initiative INQA hat die Chemische Industrie einen hohen Stellenwert, insofern, als hier bereits seit geraumer Zeit ein thematischer Initiativkreis Chemie besteht. In diesem Kreis arbeiten mehr als 50 Experten und Expertinnen unterschiedlichster Bereiche an den vier Schwerpunkten Branchenlösungen, Epoxidharze, Herstellerinformation und Innovationen.

INQA finanziert darüber hinaus auch betriebliche Entwicklungsprojekte in der Chemischen Industrie: „Demografiefeste Personalpolitik in der chemischen Industrie – 50+ in der Umsetzung", in Trägerschaft der Industriegewerkschaft Bergbau, Chemie, Energie (IG BCE). Ziel des in 2007 begonnenen Projektes ist, exemplarische Personalstrategien zur Beschäftigungsfähigkeit bis ins Alter zu generieren. Entstehen sollen Beispiele Guter Praxis in Klein- und Mittelunternehmen (KMU) sowie Großbetrieben.

Kennzeichnend für die Chemische Branche ist auch das hohe Engagement der betrieblichen Interessenvertretungen: In 2009 fanden bereits zwei bundesweite Fachkonferenzen für Betriebsräte statt[41]. Während die erste generell die Handlungsmöglichkeiten für die Interessenvertretungen der Branche zum Thema hatte, drehte es sich in der zweiten speziell um „Schichtarbeit und demografische Entwicklung".[42] Hier wurden dezidierte Forderungen formuliert, die von innovativen Wochenarbeitszeitmodellen bis hin zu verschiedenen Formen der Belastungsreduktion in Schichtarbeit reichen.

Insgesamt lässt sich also festhalten, dass die Chemische Industrie in Bezug auf die sozialpartnerschaftliche Gestaltung des demografischen Wandels vergleichsweise gut gerüstet ist. Der Tarifver-

41 Siehe auch IGBCE kompakt, Ausgabe April 2009, S. 31.

42 Dokumentation der Tagung mit den Beiträgen online unter http://www.igbce-blogs.de/schichtarbeit/?cat=16, Stand 30.06.2009.

trag verpflichtet die Betriebe zum Handeln und der hier verankerte Demografiefonds sieht vor, dass betriebsspezifisch Mittel für die Gestaltung des demografischen Wandels eingesetzt werden.

Fazit

Das Altern der Bevölkerungen ist ein weltweit zu beobachtendes Phänomen. Der Demografische Wandel ist vor allem in den westlich orientierten Gesellschaften weit fortgeschritten. Insbesondere in Europa und Japan hat der Alterungsprozess bereits tiefe Spuren in der Altersstruktur der Bevölkerung hinterlassen.

Deutschland wird dabei als eher schwieriger Kandidat eingeschätzt, sind doch hierzulande die Geburtenquoten sehr niedrig und zugleich die Lebenserwartung sehr hoch.

Diese generellen Rahmenbedingungen für die Altersstruktur in den Betrieben lassen sich, wenn überhaupt, dann nur langfristig verändern. Insofern richtet sich der Blick automatisch auf die Gestaltungsoptionen innerhalb der herrschenden Rahmenbedingungen. Dabei wird in der deutschen Demografiedebatte stets hervorgehoben, dass wichtige Potentiale fahrlässig ungenutzt bleiben. Hierzu zählen zunächst die Weichenstellungen der Politik: im internationalen Vergleich sehr spät wurden die Möglichkeiten zur vorfristigen Aussteuerung der Älteren Beschäftigten in den Vorruhestand verengt. Gleichzeitig werden die Anreize, ältere Beschäftigte weiter zu beschäftigen oder gar einzustellen, als unzureichend eingeschätzt. Genannt wird vielfach auch das unzureichende Problembewusstsein in der deutschen Wirtschaft, wobei auch hier in einschlägigen Umfrageergebnissen nachzulesen ist, dass der Handlungsbedarf zunehmend stärker erkannt wird.

Prägend für den Umgang mit dem demografischen Wandel in der Wirtschaft sind in Deutschland die Tarifparteien. Hier zeigt sich sehr deutlich, dass inzwischen in allen Branchen das Thema auf der Agenda der Tarifparteien steht und es ist als sehr sicher anzunehmen, dass Demografie einen herausragenden Stellenwert in den kommenden Tarifabschlüssen haben wird.

Die Herausforderung der Zukunft für die Tarifparteien wird unserer Einschätzung nach nicht sein, branchenspezifische Lösungen zu finden oder den qualitativen Aspekten in den Tarifverträgen mehr Raum zu geben, sondern vielmehr, die Umsetzung in die Fläche zu bringen. Die Erfahrungen mit dem Chemie-Tarifvertrag zeigen, dass große Unternehmen sehr gut erreicht werden können, während Kleine und Mittlere Unternehmen mit den operativen Umsetzungsschritten, die der Tarifvertrag fordert, sehr beansprucht werden. Insofern ist es von hoher Wichtigkeit, neben der Schaffung von gesetzlichen und tarifvertraglichen Grundlagen parallel Angebote zur Unterstützung gerade der ressourcenarmen Kleinen und Mittleren Betrieben zu entwickeln.

Literatur und Quellen

Arlt, Andrea / Dietz, Martin / Walwei, Ulrich: Nicht alles ist Konjunktur, IAB Kurzbericht 16/2009, Nürnberg, 2009

Bandemer, Stephan von u. a.: Gesundheitswirtschaft: die große Hoffnung auf des Messers Scheide? Die Gesundheitswirtschaft als Gestaltungsfeld moderner, personenbezogener Dienstleistungsarbeit – Herausforderungen für die Arbeitsgestaltung, Qualifizierung und berufliche Bildung, in: Institut Arbeit und Technik: Jahrbuch 2003/2004, Gelsenkirchen, 2004

Belke, Ansgar: Demografische Entwicklung und soziale Sicherungssysteme: Zur langfristigen Entwicklung am deutschen Arbeitsmarkt, (S. 251-288), in: Thomas Apolte/ Uwe Vollmer (Hrsg.): Arbeitsmärkte und soziale Sicherungssysteme unter Reformdruck. Fehlentwicklungen und Lösungsansätze aus industrieökonomischer Sicht, Schriften zu Ordnungsfragen der Wirtschaft, Band 68, 2002

Beauftragte der Bundesregierung für Migration, Flüchtlinge und Integration: 7. Bericht der Beauftragten der Bundesregierung für Migration, Flüchtlinge und Integration über die Lage der Ausländerinnen und Ausländer in Deutschland, Berlin 2007

Beauftragte der der Bundesregierung für Migration, Flüchtlinge und Integration: Integration in Deutschland, Erster Indikatorenbericht, Berlin 2009

Bundesagentur für Arbeit: Beschäftigungsstatistik der Bundesagentur für Arbeit, Stichtag Juni 2007

Bundesagentur für Arbeit: Arbeitsmarkt 2007, 2007

Bundesagentur für Arbeit, Arbeitsmarktberichterstattung 2007: Situation von Älteren am Arbeitsmarkt – Erwerbstätigkeit, Beschäftigung und Arbeitslosigkeit, 2007

Bundesministerium für Familie, Senioren, Frauen und Jugend, Sachverständigenkommission für den 5. Altenbericht: Strategische Ansätze und Initiativen aus dem In- und Ausland, im Rahmen der Fachtagung Wirtschaftliche und gesellschaftliche

Produktivität älterer Menschen, Berlin, 2005

Commerzbank: Unternehmerperspektiven – Abschied vom Jugendwahn, 2009

DGB Bundesvorstand: Krise trifft Junge und Ältere besonders stark, in: Arbeitsmarkt aktuell, Berlin, Juli 2009

DGB-Index Gute Arbeit GmbH (Hrsg.): DGB-Index Gute Arbeit 2008 – Der Report, 2008

Eilers, Silke / Rump, Jutta: Managing Employability und Employability im Zuge des demografischen Wandels. in: Jutta Rump et al (Hrsg.): Employability Management – Grundlagen, Konzepte, Perspektiven, 2006, S. 13-73 und S. 129-148

Flüter-Hoffmann, Christiane (IW Köln): Alternde Belegschaften – Ansätze zur Reformulierung von Personal- und Organisationsentwicklung, Vortrag auf dem Fachkongress Zukunft (der) Weiterbildung, Ahlen, 2007

Fraunhofer Institut IAO: Ältere Menschen auf dem Arbeitsmarkt, Vortrag von Hartmut Buck

Gewiese, Tilo / Leber,Ute / Schwengler, Barbara: Personalbedarf und Qualifizierung im Gesundheitswesen - Ergebnisse des IAB-Betriebspanels und der IAB-Gesundheitsstudie, in: MittAB 2/2003

Kerschbaumer, Judith / Räder, Evelyn: In Arbeit bleiben – wieder in Beschäftigung kommen, in: Aus Politik und Zeitgeschichte 18-19/2008, S. 30-39

HWWI: Deutschland 2018? Regionen im Wettbewerb um qualifizierte Arbeitskräfte, in: Update 1/09: S. 1-2

IGBCE (Hrsg.): IGBCE kompakt, Ausgabe April 2009, S. 31.

IPFG: MIAA-Unternehmensreport. Demographischer Wandel – Stand der Auseinandersetzung in deutschen Unternehmen – Ergebnisse einer bundesweiten Onlinebefragung deutscher Unternehmen im Rahmen des Projektes „Menschen in altersgerechter Arbeitskultur – arbeiten dürfen, können und wollen (MIAA), Münster 2009.

Jakob, Johannes / Kolf, Ingo: Mehr Beschäftigung für Ältere? Die „Initiative 50plus“ der Bundesregierung: Nur ein Tropfen auf den heißen Stein, in: Soziale Sicherheit 4/2007

Richenhagen, Dr. Gottfried: Leistungsfähigkeit, Arbeitsfähigkeit, Beschäftigungsfähigkeit und ihre Bedeutung für das Age Management, in: Initiative Neue Qualität der Arbeit/ Bundesanstalt für Arbeitsschutz und Arbeitsmedizin (Hrsg.): Tagungsband zum Abschlussworkshop des Pfiff-Projektes

Statistisches Bundesamt: 11. Koordinierte Bevölkerungsvorausberechnung – Annahmen und Ergebnisse – Entwicklung der Bevölkerung Deutschlands bis 2050, Wiesbaden 2006

Statistisches Bundesamt: Bevölkerung und Erwerbstätigkeit: Bevölkerung mit Migrationshintergrund – Ergebnisse des Mikrozensus 2007. Wiesbaden 2009

Statistisches Bundesamt: Statistisches Jahrbuch 2008 für die Bundesrepublik Deutschland, 2008

ZEK (Zentrum für Europäische Wirtschaftsforschung GmbH): IKT-Report Mai 2005, 2005

Internet

www.arbeit-demografie.nrw.de/, Stand: 15.06.2009

www.betriebsraetetag.de/fileadmin/user_upload/PDF/Programm_BBT_2007.pdf, Stand: 16.06.2009

www.bib-demographie.de/, Stand: 28.04.2009

www.gabiprojekt.de, Stand: 25.05.2009

www.geo.de/kultur/gesellschaft/57920.html, Stand: 25.06.2009

www.gutearbeit-online.de/archiv/hintergrund/wai_positionen_igmetall.pdf, Stand: 25.06.2009

www.hessen-agentur.de/dynasite.cfm?dssid=75&dsmid=6994, Stand: 18.05.2009

www.hessen-agentur.de/dynasite.cfm?dssid=75&dsmid=6995, Stand: 18.05.2009

www.hhla.de/fileadmin/download/HHLA_DemografischerWandel.pdf, Stand: 15.06.2009

www.igbce-blogs.de/schichtarbeit/?cat=16, Stand: 30.06.2009

www.inqa.de/Inqa/Navigation/Gute-Praxis/, Stand: 25.05.2009

www.ipfg.de, Stand: 30.6.2009

www.kas.de/polen, Stand: 25.06.2009

www.miaa.de, Stand: 30.6.2009

www.mit-offenen-augen.de, Stand: 14.05.2009

www.mit-offenen-augen.de, Stand: 14.05.2009

www.pflegeausbildung.de/home/, Stand: 15.06.2009

www2.uni-wuppertal.de/FB14/next/dt/index_dt.htm, Stand: 30.6.2009

www.vci.de/Die_Branche/default2~cmd~shr~docnr~114558~nd~~rub~735~ond~n01~c~5.htm, Stand: 30.04.2009

Länderbericht Finnland

Verantwortlich:
Kari Kinnunen, Direktor Työväen Akatemia

Autor:
Veikko Räntilä

Einleitung

In dem Bericht werden finnische Stellungnahmen, Praktiken, Studien und Forschungen zum Phänomen älter werdender Belegschaften dargestellt. Der Bericht ist Teil eines deutschen Entwicklungsvorhabens mit dem Titel *Älter werdende Belegschaften - altersgerechtes Arbeiten und Lernen in Hessen.*

Hierzu wurde umfangreiches Material zu den Themenbereichen Alterspolitik, Beschäftigung, Rentenpolitik und Wohlbefinden am Arbeitsplatz erfasst. Ziel war es, den seit einigen Jahrzehnten zu beobachtenden Anstieg des Beschäftigungsgrades der älteren Jahrgänge in Finnland zu erklären sowie die Entwicklung im Arbeitsleben, die im Zuge des alterspolitischen Programms angelaufen ist, zu untersuchen. Da diese seit den 1990er Jahren laufende Entwicklung auch nach 2000 kontinuierlich anhielt, wurde sie als ein einheitlicher Vorgang behandelt. Dem gewählten Ansatz gemäß werden die Situation und die Entwicklung sowie teilweise auch Beschlüsse und Aktionen samt deren Auswirkungen überprüft.

Altersstruktur und -entwicklung der Bevölkerung

Im Jahre 2007 betrug die durchschnittliche Lebenszeit finnischer Frauen 82,9 Jahre und war damit fast acht Jahre länger als noch Anfang der 1970er Jahre. Die Lebenszeit der Männer verlängerte sich im gleichen 35-Jahres-Zeitabschnitt um neun Jahre auf 75,8 Jahre. Im europäischen Vergleich ist die durchschnittliche Lebenszeit der Finnen heute relativ hoch und hat sich auch überdurchschnittlich günstig entwickelt.

Tabelle 2: **Bevölkerung nach Alter und Geschlecht**

Altersgruppe	Männer und Frauen insgesamt	Männer	Frauen
ingesamt	5.300.484	2.596.787	2.703.697
-14	894.590	456.679	437.911
15 – 24	659.186	336.799	322.387
25 – 44	1.356.314	692.831	663.483
45 – 64	1.515.163	754.973	760.190
65 – 74	462.640	212.611	250.029
75+	412.591	142.894	269.697

Bisher hatte das Bevölkerungswachstum stets auch eine Zunahme der Erwerbsbevölkerung bedeutet und somit die wirtschaftliche Entwicklung begünstigt. Zwar wächst der alternde Teil der Bevölkerung bereits seit den 1960er Jahren relativ zur Erwerbsbevölkerung schneller, doch ergab der gleichzeitige Rückgang der Kinderzahl weitgehend eine Stabilisierung der Abhängigkeitsrelation. In dieser Hinsicht zeichnet sich eine ungünstige Trendwende ab. Prognosen zufolge wird die Erwerbsbevölkerung bereits ab 2010 abnehmen. Infolge der gleichzeitig weiterhin anhaltenden Zunahme der älteren Bevölkerung wird die Abhängigkeitsrelation bzw. Nicht-Erwerbstätigen-Proportion sich rasch verschlechtern.

Im Jahre 2007 betrug die Bevölkerungszahl Finnlands 5.300.484. Die Gruppe der Menschen im mittleren Alter (45 bis 64 Jahre) mit 1.515.163 Personen war größer als die nächstjüngere Altersgruppe (25 bis 44 Jahre) mit 1.356.314 Personen. Die Erklärung hierfür sind die geburtenstarken Nachkriegsjahrgänge 1946 bis 1949.

Abbildung 4: **Altersaufbau der Bevölkerung in Finnland 2008**

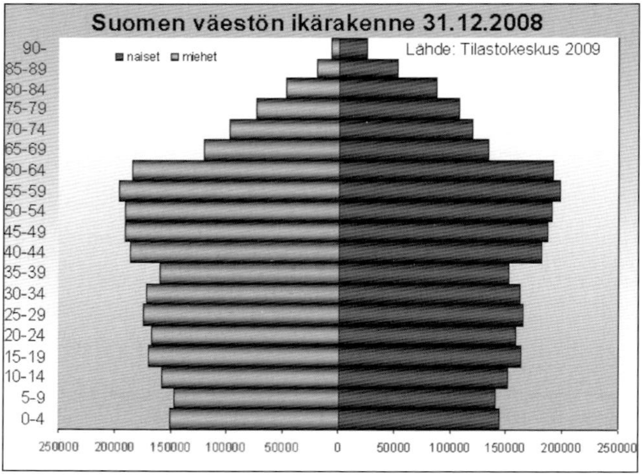

Quelle: Viimeksi päivitetty 30.3.2009

Änderung der Berufsstruktur

Im Zuge der stetigen Änderung der Gewerbestruktur Finnlands bindet die Primär- und Industrieproduktion immer weniger Arbeitskräfte, während die Dienstleistungsgewerbe ihren Arbeitskräfteanteil erhöhen. Seit 1975 gingen alljährlich 6000 industrielle Arbeitsplätze verloren. Ihre Erklärung hat diese Entwicklung darin, dass die Produktivität der Primär- und Industrieproduktion überdurchschnittlich schnell wächst. Der globale Entwicklungstrend wirkt aber auch in einer anderen Richtung. Im Jahre 2003 befand sich von den industriellen Arbeitsplätzen finnischer Unternehmen ein Drittel im Ausland. Die gesamte Erwerbsbevölkerung Finnlands beträgt 2,4 Millionen Menschen.

In Schweden und Norwegen ist der Anteil der Teilzeitarbeit wesentlich größer als in Finnland. Von den Frauen arbeiten in Norwegen 43 %, in Finnland 15 % in Teilzeit. Der europäische Mittelwert beträgt 38 %. Die Anzahl der Teilzeit-Beschäftigten stieg im Laufe von acht Jahren um 70.000, weshalb die Beschäftigungsquote sich – in Vollzeit-Beschäftigung umgerechnet – nur um 35.000 Arbeitsplätze verbesserte. Auch innerhalb der Industrie ändert sich die Berufsstruktur mit einer Tendenz zu immer mehr Arbeitsplätzen in Forschung, Entwicklung, Konstruktion und Dienstleistungen. Der Anteil der in der eigentlichen Waren- und Materialproduktion Beschäftigten sinkt. In der Gesellschaft wachsende Sektoren sind Forschung und Entwicklung, Pflege und Betreuung, Handel, Finanzen, Sicherheit, Unterhaltung und Kultur. Bei den Gesundheits- und Sozialleistungen scheint die Diskrepanz zwischen Arbeitskräftebedarf und -angebot am größten zu sein. Im Zuge dieser Entwicklung treten in der sich ändernden Arbeitsbelastung geistige und mit den zwischenmenschlichen Beziehungen zusammenhängende Stressfaktoren in den Vordergrund.

Abhängigkeitsrelation, Beschäftigung und Erwerbsquote

Im Vergleich der Abhängigkeitsrelation (age dependency ratio) stehen Finnland und Deutschland vor gleichartigen Herausforderungen. Prognosen zufolge wird die Abhängigkeitsrelation der alternden Bevölkerung im Jahre 2050 auf 80 % ansteigen, d. h., auf je einen in der Produktion aktiven Menschen im Alter von 20 bis 59 Jahren entfallen dann 0,8 über 60-jährige Menschen. In Deutschland begann der starke Anstieg der Abhängigkeitsrelation in den 1990er Jahren, in Finnland drastischer in den 2000er Jahren. Die Geburtenrate wird in keinem der beiden Länder eine Wende herbeiführen, da sich die Abhängigkeitsrelation junger Menschen in beiden Ländern in den 2000er Jahren stabilisieren wird – in Deutschland auf ein Niveau von 35 % und in Finnland auf 45 %. Dies bedeutet, dass auf jeden 20- bis 59-Jährigen in Deutschland 0,35 und in Finnland 0,45 unter 19jährige Menschen entfallen.

Die Lebenszeit wird im Laufe der nächsten 15 Jahre voraussichtlich um ca. zwei Jahre ansteigen. Laut einer Studie aus dem Jahre 1989 erklärte sich die frühe Verrentung der Finnen mit wirtschaftlichen Faktoren, aber auch einem schlechten Gesundheitsstand. Der Gesundheitsstand wurde anhand des Sterbealters indirekt mit neun OECD-Ländern verglichen. In Finnland entsprach das Sterbealter von Frauen dem Durchschnitt der Vergleichsländer, das der Männer war im Vergleich das niedrigste.

Sowohl die Erwerbsquote als auch der Beschäftigungsgrad haben sich seit dem Tiefststand während der Depression der 1990-er Jahre in allen Altersgruppen gut entwickelt. In Finnland sank das Bruttoinlandsprodukt (BIP) während der Depression in den Jahren 1991 bis 1994 um fast 20 %. Die Erwerbsquote und der Beschäftigungsgrad älterer Menschen im Alter von 55 bis 64 Jahren stiegen jedoch schneller als in den jüngeren Altersgruppen an. In Finnland stieg die Erwerbsquote der 55- bis 64-Jährigen von den 41 % des Jahres 1994 auf 59 % im Jahre 2007 an, ihr Beschäftigungsgrad entsprechend von 34 % auf 55 %. Relativ gesehen war die Entwicklung in der Altersgruppe 60 bis 64 Jahre am günstigsten, denn ihre Erwerbsquote und ihr Beschäftigungsgrad verdoppelten sich von knapp 20 % auf ca. 40 %. Nur in den älteren Altersgruppen übertrafen die Erwerbsquoten und Beschäftigungsgrade deutlich den Stand aus der Zeit vor der Depression.

Wenn man die altersgruppenspezifischen Erwerbsquoten-Abweichungen vom nordischen Durchschnittsniveau zur Größe der Altersgruppe in Finnland (im Jahre 2007) in Relation setzt, erhält man eine Vorstellung vom Steigerungspotenzial des Arbeitskräfteangebots in den verschiedenen Alters- und Geschlechtsgruppen. Die Schätzung besagt also, wie viele „ungenutzte" Arbeitskräfte in den jeweiligen Altersgruppen im Verhältnis zu den anderen nordischen Ländern vorhanden sind. Der Vergleich stellt die Gruppe der älteren, 55- bis 64-jährigen Männer als eine bedeutende Arbeitskraftreserve heraus. Ein Anheben der Erwerbsquoten auf das nordische Durchschnittsniveau würde dem Arbeitsmarkt rund 50.000 Männer der Altersgruppe 55 bis 64 Jahre zuführen. Deutlich kleinere Reserven gibt es in den Gruppen der 20- bis 24- und 50- bis 54-jährigen Männer sowie der 30- bis 34-jährigen Frauen. Im Laufe der letzten zehn Jahre hing die Zunahme der Erwerbsbevölkerung in Finnland von der Entwicklung in der Altersgruppe der über 55-Jährigen ab. Die Anzahl der jüngeren Altersgruppen von 15 bis 55 Jahren sank, während die Beschäftigung gleichzeitig zunahm.

In Finnland stieg der Beschäftigungsgrad der 55- bis 64-Jährigen von den 33,5 % des Jahres 1994 kräftig auf 58,5 % im Jahre 2006 an. Offensichtlich wurde der Anstieg des Beschäftigungsgrades in diesem Zeitabschnitt sowohl von der allgemeinen Wirtschaftslage und den Änderungen in der Gesetzgebung als auch von den Kohorteneffekten infolge der Größenunterschiede der Altersgruppen und ihrer unterschiedlichen Einstellung zur Arbeit gefördert. Die Entwicklung in Finnland und den nordischen Ländern hat ihre Ursache im dynamischen Wirtschaftswachstum. Ein weiterer Erklärungsfaktor liegt darin, dass die Verbesserung des Bildungsniveaus der Nachkriegsjahrgänge in Finnland im nordischen Vergleich am intensivsten war. Hiermit hing auch eine starke Nachfrage nach qualifizierten Arbeitskräften zusammen. Die älteren 55- bis 64-jährigen Arbeitnehmer bilden am Arbeitsmarkt einen flexiblen „Auffangpuffer"; ihr Beschäftigungsgrad kann je nach Konjunktur stark schwanken, wie es in Finnland offensichtlich auch in einem gewissen Ausmaß der Fall gewesen ist.

Falls die finnischen altersgruppenspezifischen Erwerbsquoten auf dem heutigen Stand bleiben, wird der Anteil der heute 2,4 Millionen großen Erwerbsbevölkerung an der Gesamtbevölkerung bis 2050 von derzeit 49 % auf 42 % sinken. Steigen die Erwerbsquoten dagegen je nach Altersgruppe auf den heutigen Stand von Schweden, Dänemark und Norwegen, so wird der Anteil der aktiven Erwerbsbevölkerung an der Gesamtbevölkerung auf nur 45 % sinken. Würde jedoch die zu erwartende Lebensarbeitszeit einer 25-jährigen Person proportional zur längeren Lebenszeit steigen, so wird der Anteil der aktiven Erwerbsbevölkerung gegenüber dem Jetzt-Stand nur um einen Prozentpunkt sinken. Bei diesen Alternativen entwickeln sich die Populationen der Erwerbsbevölkerung sehr unterschiedlich. Verändern sich die altersgruppenspezifischen Erwerbsquoten nicht, so bedeutet dies einen Rückgang der Erwerbsbevölkerung um 190.000 Personen. Käme Finnland bei der Erwerbsquote auf den nordischen Stand, so würde der Rückgang lediglich 20.000 Personen betragen. Eine der längeren Lebenszeit proportionale Verlängerung der Lebensarbeitszeit würde bis 2050 eine Zunahme der Erwerbsbevölkerung um 140.000 Personen erbringen.

Der Einfluss des Bildungsniveaus auf die Beschäftigungslage älterer Menschen ist offensichtlich. Das zeigt sich u.a. daran, dass der Beschäftigungsgrad von Menschen mit einer kürzeren Ausbildung nach dem 55. Lebensjahr sehr rasch abnimmt. Die Beschäftigungsgrade 30- bis 50-jähriger Männer ohne Primarstufenbildung betragen im Durchschnitt 75 %. Der Beschäftigungsgrad gleichaltriger Männer mit einem Hochschulabschluss beträgt bis zu 95 %. Bei 60-jährigen Männern betragen die Beschäftigungsgrade je nach Bildungsgrad in ersterer Gruppe 40 % und in letzterer 80 %.

Im europäischen Vergleich schneidet Finnland hinsichtlich der Beschäftigung älterer Menschen vor allem dank der hohen Erwerbsquote der Frauen gut ab. Bei den Männern liegt Finnland im europäischen Mittelfeld. Die Erwerbsquote älterer Frauen liegt im nordischen Mittelwert, bei den älteren Männern jedoch ist sie im nordischen Vergleich eindeutig am niedrigsten. Daraus folgt, dass die durchschnittliche Erwerbsquote niedriger ist als in den anderen nordischen Ländern. Der Grad der Berufstätigkeit von Frauen ist allgemein hoch. Möglich wird dies u. a. durch umfassende kommunale Kinderbetreuungsleistungen. Die Kinder haben subjektive Rechte auf kommunale Kinderbetreuungsplätze. In der Praxis werden 80 % der Kinder im Rahmen dieses Systems betreut.

Frühe Verrentung

In Finnland wurden die Systeme der Erwerbsunfähigkeitsrente und der individuellen Frührente ausgenutzt, um ältere Arbeitnehmer der Frühverrentung zuzuführen. Im Jahre 2005 betrug der Anteil der Erwerbsunfähigkeitsrentner in der Altersgruppe der 60- bis 64-Jährigen 5 bis 10 % und der Anteil der Frührentner bei den 62- bis 64-Jährigen 2 bis 3 %.

In Finnland wird sich die Altersstruktur der Erwerbsbevölkerung (2,4 Millionen Menschen) bereits in den nächsten Jahren stark verändern. Die Anzahl der 24- bis 49-Jährigen wird bis 2012 um 150.000 sinken, während die der 50- bis 60-Jährigen um 170.000 steigen wird.

In Finnland wurde die Verrentung von Unternehmen lange als Mittel zur Regulierung des Personalbestands eingesetzt. Dies zeigt sich u.a. am Einfluss der Depression von Anfang der 1990er Jahre auf die Verrentungsvorgänge. In den Jahren 1990 bis 1996 sank der Anteil der Erwerbsunfähigkeitsrentner unter den alljährlich verrenteten 45- bis 64-Jährigen von 35 % auf unter 30 %, der Anteil der in eine individuelle Frührente übergegangenen von 30 % auf 20 %. Parallel zum Rückgang dieser Anteile fand die Erwerbslosenrente größere Verbreitung. Die Erwerbslosenrente hat sich in den Depressionsjahren als Frühverrentungspfad älter werdender Arbeitnehmer fest etabliert. Von den im Jahre 1996 verrenteten 60- bis 64-Jährigen trat fast jeder zweite eine Erwerbslosenrente an. Bei den 45- bis 64-Jährigen betrug der entsprechende Anteil über ein Viertel.

Arbeitgeber wie Gewerkschaften förderten aktiv das Ausscheiden der älteren Arbeitnehmer aus dem Berufsleben. Begründet wurde das mit der Wahrung der Wettbewerbsfähigkeit und Umstellungen der Produktion. Am stärksten war der Verrentungstrend in der Exportindustrie, es folgten die teilweise vor dem Wettbewerb geschützten Industriebranchen wie Landwirtschaft und der Inlandsmarktsektor. Im öffentlichen Sektor wurde weniger häufig auf die Frühverrentung zurückgegriffen. Die Überleitung der Arbeitnehmer in die Rentenschleife im Gefolge von Umstellungen der Produktion war so weit verbreitet, dass die vorgezogene Verrentung in den 1990er Jahren als spezielles *finnisches Modell* galt.

Einschlägige Gesetze und zentrale politische Akteure

Rentenpolitische Leitvorgaben und Rentenreform 2005

Die Entwicklung des Beschäftigungsgrades älterer Menschen in Finnland hat wesentliche Vorbedingungen in rentenpolitischen Beschlüssen und Leitvorgaben. Eine Alterspolitik wird seit den 1990er Jahren betrieben; zum Tragen kamen damit Programme zum Berufsleben und Bestrebungen, das Renteneintrittsalter und vor allem das individuelle Frühverrentungsalter anzuheben. Auf die Erwerbsquote älterer Menschen wirkten sich vor allem „das Zuckerbrot und die Peitsche" des Rentensystems aus. Früher hatten die Frühverrentungsmöglichkeiten einen starken steuernden Einfluss.

Im Zuge der Rentenreform von 2005 wurde das finnische Erwerbsrentensystem in vieler Hinsicht geändert. Rentenansprüche erwirbt man mit der Arbeit im Lebensalter von 18 bis 68 Jahren, und seit 2005 errechnet sich die Höhe der Rente anhand der Erwerbseinkünfte eines jeden Jahres. Das Renteneintrittsalter bei der Altersrente liegt flexibel zwischen dem 63. und 68. Lebensjahr. Der Arbeitnehmer kann selber entscheiden, wann er in Rente geht. Die neuen Rentenquotienten betragen 1,5 % im Alter von 18 bis 52, 1,9 % zwischen 53 und 63 Jahren sowie 4,5 % vom nach dem 63. Lebensjahr erworbenen Einkommen. In Ganzheit kann die Rente steigen abhängig von der Arbeitsgeschichte. Die höchste zu zahlende Rente im Rahmen dieses Systems beträgt am Ende 70 %. Die Möglichkeit, in eine Erwerbslosenrente einzutreten, besteht für 58-Jährige nach einjähriger Erwerbslosigkeit. Ab 2009 wurde ein Lebenszeitquozient eingeführt, der die künftige Rente an die Änderungen der Lebenserwartung anpasst. Die Auswirkung der Rentenreform von 2005 auf den Renteneintritt wurde im Jahre 2007 mit einem numerischen Simulationsmodell evaluiert. Der Evaluierung zufolge wurde das durchschnittliche Renteneintrittsalter um ca. 0,7 bis 1,5 Jahre angehoben.

Frührenten vor der Rentenreform 2005

Vor der Rentenreform von 2005 waren am Frührentensystem einzelne Korrekturen vorgenommen worden. Die Anhebung der unteren Altersgrenze für den Eintritt in die Erwerbslosenrente hatte eindeutig die Wirkung, dass die Betroffenen länger im Arbeitsleben blieben. Die Auswirkungen von Teilzeitrenten und Alternieren am Arbeitsplatz (freiwillige Beurlaubung und vorübergehende Besetzung des Arbeitsplatzes durch einen anderen Arbeitnehmer) sind noch nicht exakt erforscht. Die Frührentensysteme und die durch die Depression hervorgerufene hohe Arbeitslosigkeit erklären, warum das voraussichtliche Renteneintrittsalter im Zeitraum 1997 bis 2002 bei 60 Jahren verblieb.

An den Frührentensystemen wurden in mehreren Phasen Veränderungen vorgenommen. Im Jahre 1994 wurde das Eintrittsalter für die individuelle Frührente von 55 auf 58 Jahre angehoben. Gleichzeitig wurde angestrebt, das Instrumentarium von prophylaktischer Gesundheitsversorgung und intensivierter Rehabilitation zu verbessern und bessere Arbeitsbedingungen zu entwickeln. Studien zufolge bewirkten diese Lösungen unübersehbar einen Anstieg des Beschäftigungsgrades der 56- bis 57-Jährigen. Der Beschäftigungsgrad dieser Gruppe stieg im Zeitraum 1995 bis 1998 um über 5 Prozentpunkte. Das untere Eintrittsalter in die individuelle Frührente wurde 2000 erneut angehoben – von 58 auf 60 Jahre. Eine Verbesserung des Beschäftigungsgrades der Altersgruppe 58 bis 59 Jahre trat im Zeitraum 2000 bis 2004 ein. Als Kompensation zur Anhebung des Eintrittsalters in die individuelle Frührente wird bei über 60-Jährigen in der Beschlussfassung über eine Erwerbsunfähigkeitsrente die berufliche Komponente der Erwerbsunfähigkeit stärker berücksichtigt als bei jüngeren Arbeitnehmern.

Schätzungen zufolge trug die Einführung der Teilzeitrente zur Erhöhung des Beschäftigungsgrades der 60- bis 64-Jährigen um 2,5 % im Zeitraum 1995 bis 2004 bei.

Das untere Eintrittsalter in eine Erwerbslosenrente wurde 1997 von 53 auf 55 Jahre angehoben. Die Anhebung wirkte sich positiv auf den Verbleib der 53-Jährigen im Arbeitsleben aus. Die Unternehmen hatten die Erwerbslosenrente als Mittel zur Betriebssanierung genutzt und ältere Arbeitnehmer auf dieser Schiene in die Verrentung abgeschoben.

Die Verringerung des Risikos der Erwerbsunfähigkeit und die Verbesserung des Gesundheitsstandes der Bevölkerung bewirkten im Zeitraum 1990 bis 2002 einen Aufschub des Eintritts in die Rente. In den in der Studie überprüften Jahren war es im Allgemeinen erst im Alter von 60 bis 64 möglich, eine vorgezogene Altersrente anzutreten. Eine nähere Betrachtung dieser Altersgruppe in Beschäftigung erwies, dass der Antritt einer vorgezogenen Altersrente genauso häufig war wie der Übergang in eine Teilzeitrente oder in die Arbeitslosigkeit.

Nach dem Stand von 2002 zu urteilen waren die Profile der aus dem Erwerbsleben in eine Erwerbslosenrente (oder in die Arbeitslosigkeit) und in eine volle Erwerbsunfähigkeitsrente übergegangenen Menschen ziemlich gleichartig, wenn auch bei den ersteren Arbeitsmarktgründe und bei letzteren gesundheitliche Fakten eine Rolle spielten. Dies war typisch für alleinstehende Männer und solche Männer, deren Ehepartnerin nicht berufstätig war. Auch frühere Perioden der Arbeitslosigkeit, ein niedriges Bildungsniveau und ein Wohnsitz in einer dünn besiedelten Region steigerten das Risiko der Arbeitslosigkeit oder der Erwerbsunfähigkeit.

Das Berufsleben fördernde Faktoren

Faktoren, die sich auf die Beschäftigung älterer Arbeitnehmer positiv auswirkten, waren ferner die breit angelegte und hoch entwickelte betriebsärztliche Versorgung Finnlands, das umfassende Arbeitsschutzsystem, das Gleichberechtigungsgesetz und die hohe Organisiertheit. Die drei Partner, Arbeitgeber-, Arbeitnehmerverbände und Regierung, vereinbarten gemeinsam viele sozialpolitische Reformen u. a. im Bereich der Rentenpolitik und der Entwicklung des Arbeitslebens. Aus der Zusammenarbeit gingen u. a. ein alterspolitisches Programm sowie Programme zur Entwicklung des Arbeitslebens und der Ausdauer am Arbeitsplatz hervor. Ein zentraler Einflussfaktor war die Entwicklung und allgemeine Verbreitung des Strategischen Managements der Humanressourcen

(SHRM) speziell im öffentlichen Dienstleistungssektor. Positive Auswirkungen auf die Entwicklung hatte auch die Verbesserung von Bildungsniveau und Gesundheit. Die Ausweitung des Begriffs Wohlbefinden am Arbeitsplatz in den psychosozialen Bereich, die Betonung der Eigenkontrolle über das Leben sowie die verstärkte Förderung des Wohlbefindens am Arbeitsplatz wirkten sich in der gleichen Richtung aus.

Der Vertrag von Lissabon enthält eine Beschäftigungs-Zielvorgabe von 70 % und sieht insbesondere eine Erhöhung des Beschäftigungsgrades älterer Frauen vor. Die über 50-Jährigen werden also als eine immer größere Arbeitskräftereserve angesehen. Gleichzeitig treten die gesamte Lebensarbeitszeit erfassende Strategien in den Vordergrund, die die Beschäftigungsfähigkeit in allen Lebensphasen gewährleisten sollen. Der Europäische Sozialfonds (ESF) finanziert Vorhaben zur Unterstützung dieser Bestrebungen. Die Rentenstrategien und regionalen Beschäftigungspläne gelten als hierzu geeignete Mittel. Weitere probate Mittel, ein längeres Verbleiben im Arbeitsleben zu erreichen, sind die Verbesserung der Bildungsmöglichkeiten für Menschen aller Altersgruppen sowie die Entwicklung der Arbeitsbedingungen. Als wichtiges Element gilt auch die Vereinbarkeit von Beruf und Familie in allen Phasen der Berufskarriere. Im strategischen Personalmanagement kommt es darauf an, ältere Arbeitnehmer nicht vordergründig als gesonderte Gruppe einzustufen. Die Europäische Kommission unterstützt speziell Programme, die auf eine tiefgreifende Einstellungsveränderung und eine Ausschöpfung des Kompetenzpotenzials aller Altersgruppen abzielen.

Der Ausschuss der Regionen (AdR) betonte 2004 die Förderung des aktiven Alterns. Finnland war bestrebt, diese Leitlinien umzusetzen. Bei der Anhebung des Beschäftigungsanteils von Frauen hat Finnland gute Fortschritte gemacht.

Der in Finnland führende Forscher und Förderer der Alterspolitik ist Direktor Juhani Ilmarinen vom Finnischen Institut für Arbeitsmedizin (Työterveyslaitos). Er setzte das alterspolitische Management bereits Anfang der 1980er Jahre in Gang. Sein Hauptwerk Pitkää uraa!, Ikääntyminen ja työelämän laatu Euroopassa (Lange

Karriere! Altern und Qualität des Berufslebens in Europa. 2006) ist auch in englischer Übersetzung verfügbar. In diesem Buch wird die praktische Umsetzung des Altersmanagements im Betrieb als Teil des strategischen Vorgehens thematisiert. Neben Visionen wird den Vorgesetzten ein Modell angeboten, mit dem ältere Arbeitnehmer angeleitet sowie für sie eine längere und besser funktionierende Karriere geplant werden können. Es enthält praktische Beispiele zum Altersmanagement in Betrieben. Ferner bietet es ein einzigartiges Vergleichsmaterial zur Situation alternder Arbeitnehmer in Finnland und anderen EU-Ländern. Laut der Definition von Juhani Ilmarinen bedeutet Altersmanagement, dass das Alter und die damit zusammenhängenden Faktoren im Alltagsmanagement und der Arbeitsorganisation so berücksichtigt werden müssen, dass jeder Beschäftigte sich als Arbeitnehmer geachtet und geschätzt fühlt.

Besondere Herausforderungen für das Altersmanagement sieht er in der Notwendigkeit, den alternden Arbeitnehmer als Individuum zu berücksichtigen sowie in Einstellungen und Haltungen und in Faktoren, die mit dem Selbstbild des alternden Arbeitnehmers zusammenhängen. Dabei geht es um Fragen zur Gesundheit, Kompetenz und zum Wohlbefinden. Zu den Leistungsdefiziten alternder Menschen stellt man sich anders als zu denen von jungen Menschen. Sie gelten als altersbedingt, während bei jungen Menschen auf Zufallsfaktoren verwiesen wird. Das Problem ist jedoch, dass das Altern und das Überschreiten eines bestimmten Alters als Defizit gesehen werden. Als zentraler Akteur der Alterspolitik hat das Finnische Institut für Arbeitsmedizin auch alterspolitische Programme durchgeführt.

Gewünschter Ruhestandszeitpunkt

In der finnischen Strategie zur Verlängerung der Lebensarbeitszeit wurde das Bestreben betont, durch Entwicklung der allgemeinen Einstellungen und des Wohlbefindens am Arbeitsplatz auf die Entscheidung der Arbeitnehmer, wann sie in den Ruhestand gehen möchten, einzuwirken. Parallel dazu wurde angestrebt, die Lebensarbeitszeit durch Schaffung zusätzlicher Anreize für eine spätere Verrentung zu verlängern.

Die Bereitschaft älterer Arbeitnehmer, ihre Lebensarbeitszeit zu verlängern, hängt neben der Entlohnung von vielen individuellen Faktoren ab, darunter Gesundheit, Sinngehalt der Arbeit und Betriebsklima sowie Wertschätzung von Freizeit und Haushaltsarbeit. Die Voll- und Teilzeit-Rentensysteme schaffen für ältere Menschen zusätzliche Möglichkeiten, ihre Arbeitsleistung individuell anzupassen. Eine ausreichend gute Gesundheit ist Grundvoraussetzung für das Verbleiben im Beruf. Sowohl objektive als auch subjektive Indikatoren zeigen, dass die Gesundheit und Leistungsfähigkeit der älteren Bevölkerung im Erwerbsalter sich in den letzten Jahren verbessert haben. Je höher das Bildungsniveau, desto wahrscheinlicher eine längere Lebensarbeitszeit.

In Finnland ist das Bildungsniveau älterer Menschen im Erwerbsalter in den letzten 10 bis 15 Jahren beträchtlich angestiegen. Viele ältere Arbeitnehmer möchten ihre Arbeitsstundenzahl reduzieren und auf Teilzeitarbeit umstellen. Die Alternative der Arbeitszeitanpassung bietet älteren Arbeitnehmern mehr Möglichkeiten und Anreize, im Erwerbsleben zu bleiben. Einer Umfrage zufolge beabsichtigt ein Viertel der über 45-jährigen Arbeitnehmer, mindestens bis zum 64. Lebensjahr bzw. über die Untergrenze des Altersrenten-Eintrittsalters hinaus zu arbeiten. Nach Erreichen des Rentenalters weiterzuarbeiten hat jedoch nach Meinung der meisten u.a. zur Voraussetzung, dass das Fortbestehen des derzeitigen Arbeitsverhältnisses sicher sei, ein besseres Rehabilitationsangebot und gute Möglichkeiten der Einflussnahme auf die eigene Arbeit geschaffen sowie die Arbeitsbelastung und Hektik abgebaut würden. Als wichtig wird auch eine positive Einstellung des Arbeitgebers zur längeren Lebensarbeitszeit angesehen. Arbeitsverdrossenheit, nachlassende Arbeitsfähigkeit, Freizeithobbys und Verrentung des Ehepartners oder der Ehepartnerin sind Faktoren, die den Wunsch nach dem Übergang in den Ruhestand verstärken. Auch betriebliche Zusatzrenten wirken auf eine frühere Verrentung hin. Je jünger die Altersgruppe, desto früher tritt nach eigener Einschätzung der Betroffenen die Verrentung ein (2005). Die Unterstützung von Management und Kollegen hat ebenfalls Einfluss auf die Absicht, in Rente zu gehen oder im Beruf zu bleiben. In den Betrieben, in denen der Arbeitgeber ein Weiterarbeiten nicht unterstützt, sind die Verrentungswünsche am stärksten ausgeprägt. In den Unternehmen und Betrieben, in denen das Weiterarbeiten älterer Arbeitnehmer in keiner Weise unterstützt wurde, zeigten selbst spezielle Anreize – im Vergleich zu Betrieben mit Förderung des Weiterarbeitens – nur wenig Wirkung. In Unternehmen mit über 500 Beschäftigten sind die Arbeitnehmer eher gewillt, mit 63 oder früher in den Ruhestand zu treten, als in kleinen Betrieben mit weniger als zehn Mitarbeitern.

Eine Betriebsklimastudie (2004) klärte durch Befragung, welche Dinge die Arbeitnehmer als wichtig für ein möglichst langes Verbleiben im Erwerbsleben ansehen.

Als wichtigste Voraussetzung erwies sich das sichere Fortbestehen des derzeitigen Arbeitsplatzes. An zweiter Stelle folgten die Entwicklung der Rehabilitationsmöglichkeiten und der betriebsärztlichen Versorgung sowie Lohnerhöhung. Nur knapp 13 % der Befragten hielten bessere Fortbildungsmöglichkeiten für „besonders wichtig".

Einer neueren Studie zufolge urteilen die Arbeitgeber, dass die meisten Arbeitnehmer in etwa jedem zweiten Betrieb auf Wunsch bis zum 65. Lebensjahr arbeiten könnten, bis zum 68. Lebensjahr jedoch nur in jedem fünften Betrieb. Nach Auffassung der Arbeitgeber bestehen für eine längere Lebensarbeitszeit mehr Möglichkeiten als entsprechende Wünsche bei den Beschäftigten. Von den ältesten Arbeitnehmern beabsichtigt etwa ein Viertel, bis zum 65., und nur rund 2 %, bis zum 68. Lebensjahr zu arbeiten. Etwa die Hälfte der Betriebe könnte in Zukunft mehr Arbeitnehmer über 55 beschäftigen als derzeit. Die Möglichkeiten zur Beschäftigung dieser Altersgruppe werden im Kommunalsektor leicht besser eingeschätzt als in anderen Sektoren. Auf die Auffassungen der Arbeitgeber wirkt sich der Arbeitskräftebedarf aus. In den nächsten Jahren beabsichtigt etwa jeder vierte Betrieb, zusätzliche Arbeitskräfte einzustellen. Das Arbeiten bis zum Erreichen des Regelrentenalters wird in zwei von drei Betrieben zumindest teilweise unterstützt. Starke Unterstützung bietet gut ein Zehntel der Betriebe, wobei der öffentliche Sektor hierin den privaten Sektor überflügelt.

Die Arbeitnehmer waren bis vor kurzem der Auffassung, dass das Anrecht auf eine „frühe" Rente ein verbrieftes Arbeitnehmerrecht sei. Die Gewerkschaften haben gleichwohl die Rentenreformen der letzten Jahre, die auf eine „spätere" Verrentung abzielten, aktiv mitgetragen.

Altersdiskriminierung

Die Altersdiskriminierung kommt in mindestens viererlei Hinsicht zum Vorschein: bei der Einstellung, beim Zugang zur Fortbildung, bei den Karrierechancen und in der Wertschätzung Älterer. Sowohl Vorgesetzte als auch Kollegen diskriminieren ältere Arbeitnehmer.

Das Gesetz verbietet die Altersdiskriminierung in Betrieben. Im Berufsalltag ist die Altersdiskriminierung dennoch eine Tatsache, die sich auf die Ruhestandsabsichten auswirkt. In Finnland enthalten die Tarifverträge keine Antidiskriminierungsvorschriften; auch sind die Verträge an sich nicht diskriminierend. Die Gleichbehandlung soll durch Gleichstellungspläne der Betriebe gefördert werden. Das Management der Humanressourcen hat die Berufskarriere älterer Arbeitnehmer verlängert. In der Umsetzung des Managements der Humanressourcen ist der öffentliche Sektor führend; mit über 45 Jahren war das Durchschnittsalter der Belegschaften dort im Jahre 2006 denn auch am höchsten. Laut einer um die Jahrtausendwende durchgeführten Studie hat jeder Zehnte bei der Einstellung, bei der Organisation der Arbeit und verschiedenen Umstellungen im Beruf Altersdiskriminierung erlebt. Die Situationen, anlässlich derer die Befragten von selbst erlebter Altersdiskriminierung berichteten, waren Phasen kurz vor der Verrentung, Konfrontationen am Arbeitsplatz und Attitüden des Arbeitsteams. Laut Eurobarometer (2006) meinen in Finnland 49 %, in Europa 46 % sowie in Dänemark und Schweden 36 % der Befragten, dass Altersdiskriminierung vorkommt. Die älteren finnischen Frauen haben eine gewisse Altersdiskriminierung zunehmend im Zeitraum 1996 bis 2000 erlebt, und dies trotz des gleichzeitig angelaufenen Altersprogramms.

Die Ergebnisse, die das Personal von Betrieben der Metallindustrie und des Einzelhandels betrafen, zeigten, dass bei der Einschätzung der Arbeitsleistung zwei Dimensionen unterschieden werden konnten – die Qualität der Arbeitsleistung und die Kooperationsfähigkeiten. Unter den Mitarbeitern von Betrieben der Metallindustrie und des Einzelhandels kursierten stereotype Vorstellungen von der Arbeitsleistung älterer Arbeitnehmer. Die festgestellten altersbezogenen Stereotype waren für alle älteren Menschen positiv und betrafen sowohl die Qualität ihrer Arbeitsleistung als auch die für die kollegiale Zusammenarbeit erforderliche soziale Kompetenz bzw. Kooperationsfähigkeit. Die Dimension der Qualität der Arbeitsleistung enthielt auch die Effizienz der Arbeit, die als Einzelkriterium bei älteren Arbeitnehmern als im Vergleich zu jüngeren schlechter eingestuft wurde. Der Stellenwert der Arbeitseffizienz war innerhalb dieser Dimension jedoch so niedrig, dass dieses Altersstereotyp für die älteren Arbeitnehmer positiv war. Die Altersstereotype der Metallindustrie und des Einzelhandels hatten die gleiche Intensität, weshalb sich keine Branche bei der Beurteilung der Arbeitsleistung älterer Arbeitnehmer im Branchenvergleich als negativer oder positiver erwies.

An den Arbeitsplätzen scheint die Altersdiskriminierung abgenommen zu haben, im Neueinstellungsverfahren dagegen kommt sie noch häufig vor. Die Einstellungen der Arbeitgeber zur Beschäftigung älterer Arbeitnehmer und zur Unterstützung einer längeren Lebensarbeitszeit wurden durch eine Befragung geklärt. Die Ergebnisse besagen, dass nur gut ein Viertel der Arbeitgeber meint, in Zukunft mehr über 55-jährige Arbeitnehmer als heute beschäftigen zu können. Ungefähr ebenso viele Arbeitgeber schätzen, dass es in den meisten Arbeitsfeldern möglich sei, bis zum 65. Lebensjahr zu arbeiten. Nur etwa jedes zehnte Unternehmen schätzt, dass bis zu 68 Jahre alte Mitarbeiter in den meisten Arbeitsfeldern einsetzbar seien, und ist in Zukunft bereit, bereits eine Altersrente beziehende Arbeitnehmer fest anzustellen.

Eine um die Jahrtausendwende angefertigte Studie zum Neueinstellungsverhalten kleiner und mittlerer Unternehmen ergab, dass die Neueinstellungen nach eigenen Einschätzungen des Managements altersneutral erfolgten, ein hohes oder jugendliches Alter jedoch als Plus oder Minus von Bedeutung war. Älteren wurden die Attribute „erfahren, loyal gegenüber dem Arbeitgeber, erschöpft und arbeitsunwillig" zugeschrieben. Jedenfalls waren in den letzten Einstellungsrunden am meisten 26- bis 45-Jährige eingestellt worden. Niemand hatte über 55-jährige Bewerber eingestellt. Die Ergebnisse der Studie wurden dahingehend interpretiert, dass bei Erfüllung der Kompetenz- und der anderen Kriterien das Alter in Jahren seinen Stellenwert verlor. Gleichzeitig wird aber auch angemerkt, dass der Altersdiskriminierung gleichzusetzende Erscheinungen wie Kategorisierung, Normung und Typisierung nach dem Alter schwer wahrzunehmen seien, da sie so weit verbreitet seien. Die Grenzschwelle der Anstellung scheint sich bei 55 Jahren einzupendeln, was auch mit den damaligen institutionellen Altersgrenzen von Teilzeitrente und Rentenschleife, die bei 56 und 55 Jahren lagen, zusammenhängt.

Arbeitsmarktpraktiken und Gleichstellung der Geschlechter

Die Erwerbsquote von Frauen ist in Finnland hoch. Das Bildungsniveau von Frauen ist angestiegen, in den höchsten Bildungsstufen sind Frauen überrepräsentiert. Das Anfangsgehalt von Frauen ist 20 % niedriger als das von Männern. Laut Gleichstellungsgesetz und Tarifverträgen gilt „gleiche Entlohnung für die gleiche Arbeit". Der Unterschied erklärt sich hauptsächlich damit, dass es gesonderte Arbeiten und Arbeitsfelder für Frauen und Männer gibt. Mit Gleichstellungsplänen werden die gleichwertige Behandlung und Lohnentwicklung der Geschlechter im Berufsleben sichergestellt. Die Arbeitsfähigkeit älterer Frauen nimmt stärker ab als bei Männern. Dies deutet auf je nach Geschlecht unterschiedliche Arbeitsbelastungen hin. In führenden Positionen sind Frauen unterrepräsentiert. In Umfragen zum Betriebsklima, die bereits seit 30 Jahren gemacht werden, erwähnen nur rund zwei Prozent der Befragten geschlechtsbedingte Diskriminierung. Männer und Frauen gehen in etwa im gleichen Alter in Rente.

Migration

Die Schwerpunkte der finnischen Immigrationspolitik haben sich in den letzten 50 Jahren verlagert. In den 1960-er Jahren herrschte die Auswanderung vor, in den 1980-er Jahren ging es vor allem um die humanitäre Aufnahme von Flüchtlingen, in den 1990-er Jahren um eine kontrollierende, genehmigungsorientierte Ausländerpolitik und seit etwa 2000 um die Immigration als Bestandteil der Arbeits- und Gewerbepolitik (2008). Der Anteil der Bevölkerung mit ausländischem Hintergrund wächst rasch. Ende 2007 hatten 133.430 Ausländer (knapp 2,5 % der Gesamtbevölkerung) einen festen Wohnsitz in Finnland und alljährlich zogen ca. 17.000 Ausländer zu. In 2007 wohnten ca. 40.000 Personen vorläufig in Finnland. Die größten Nationalitätengruppen mit Immigrationshintergrund waren in 2007 Russen (26.211), Esten (20.006), Schweden (8349), Somalier (4852) und Chinesen (3978).

Finnland ist das nordische Land mit der niedrigsten Immigrationsrate. Der alljährliche Migrationsüberschuss Finnlands wird auf 7500 Personen geschätzt. Bei Nichtberücksichtigung der Einbürgerungen wird die Anzahl der ausländischen Bevölkerung bis 2010 auf 160.000 und bei Berücksichtigung der im Ausland Geborenen auf über 200.000 anwachsen. Der Anteil ausländischer Arbeitskräfte an der gesamten Erwerbsbevölkerung beträgt ca. 3 %. Wegen des Alterns der Bevölkerung wird die Erwerbsbevölkerung ab 2010 abnehmen. Dies hat zu einer verstärkten Diskussion über die Berechtigung der Immigration mit dem Ziel, Arbeit zu finden, geführt.

Seit 2000 sind aus dem Ausland alljährlich weit über 20.000 Menschen nach Finnland gezogen. Im Jahre 2007 stieg die Bruttozahl der Immigration auf 26.000 Personen. Etwa zwei Drittel der Immigranten stammen aus Europa. Von den Immigranten ist ein beträchtlicher Anteil bzw. rund ein Drittel finnischer Herkunft. Finnische Rückwanderer kommen insbesondere aus Schweden. In einem Bericht des Arbeitsministeriums aus 2003 wird festgestellt, dass hinsichtlich der Probleme infolge der demografischen Entwicklung die Migration zwar nicht die alleinige Lösung sein könne, aber doch ein zentrales Element darstelle. Anfang des Jahrtausends war in Finnland eine Strategie zur Arbeitsmigration erarbeitet worden. Die Arbeitsadministration überprüfte auch gesondert die Möglichkeiten zur Anwerbung von Arbeitskräften außerhalb der EU. In den TV-Nachrichten vom 17.02.2009 wurde gemeldet, dass im vergangenen Jahr 6800 Immigranten eine Arbeitserlaubnis beantragten und knapp 1000 Anträge abgelehnt wurden.

Berufliche Flexibilitätsspannen

In Finnland ist die strukturelle und quantitative Flexibilität der Arbeitskräfte je nach der schwankenden Nachfrage nach Arbeitskräften groß. Der Kündigungsschutz ist relativ schwach und bildet für die Arbeitgeber kein Hindernis, wenn es um die Anpassung an eine veränderte Konjunkturlage geht. In gleicher Weise war die funktionelle Flexibilität bei organisatorischen Umstellungen im Berufsleben groß. Diese funktionellen Änderungen betrafen alle Branchen und Teile der Arbeitsabläufe. Die Gewerkschaften trugen die Umstellungen aktiv mit.

Die beruflichen Flexibilitätsspannen umfassen ein breites Spektrum flexibler Arrangements zur Organisation der Arbeit und zu den Tarifbedingungen. Von den Lohnempfängern arbeiten 40 % zeitweise zu Hause, auf Dienstreisen, bei Kunden oder in einer anderen Betriebsstätte ihrer Arbeitsorganisation. Ein Viertel arbeitet zu Hause und 4 % machen Telearbeit. Etwa vier Fünftel der Angestellten und ein Drittel der gewerblichen Arbeitnehmer arbeiten in Gleitzeit. Auch Systeme mit Arbeitszeitkonten sind weit verbreitet. Die Arbeitszeit richtet sich flexibel nach den Erfordernissen von Arbeit und Arbeitgeber, doch gibt es im Gegenzug auch Flexibilität je nach den Arbeitszeiterfordernissen der Beschäftigten. Etwa die Hälfte der Angestellten und fast 40 % der gewerblichen Arbeitnehmer erhalten eine an das Ergebnis gebundene Vergütung.

Situation je nach Branche und Unternehmen

Entwicklung der Anforderungen an die fachliche Kompetenz und der Belastung im Berufsleben

Die qualitativen und quantitativen Änderungen der Arbeit erfordern von den älteren Arbeitnehmern im Vergleich zu früher bessere geistige Kraftreserven, Flexibilität und kontinuierliches lebensbegleitendes Lernen. Das Bildungsniveau der alternden Bevölkerung liegt in Finnland wesentlich unter dem von jüngeren Altersgruppen. In der Altersgruppe der 45- bis 54-Jährigen haben zwei Drittel, von den 55- bis 64-Jährigen die Hälfte eine auf die Primarstufe folgende Ausbildung. Bei den unter 44-Jährigen beträgt der entsprechende Anteil bereits ca. drei Viertel.

In einer vom Finnischen Institut für Arbeitsmedizin (Työterveyslaitos) im Jahre 2000 durchgeführten Befragung bezeichneten 35 % ihre Arbeit als psychisch und 25 % als physisch „ziemlich oder sehr anstrengend". Ein Teil der Branchen, etwa Bildung, Gesundheits- und Sozialdienste sowie Finanzen, kann eindeutig den psychisch belastenden Berufsfeldern zugeordnet werden. In der Baubranche sowie in der Land- und Forstwirtschaft wiederum ist die physische Belastung hoch. Sowohl die psychische als auch die physische Belastung waren in der Hotel- und Baubranche hoch. Einer 2003 durchgeführten Studie zufolge hatten die psychische Belastung und die Hektik gegenüber der früheren Studie nur wenig abgenommen, doch hatte sich das Betriebsklima insbesondere in staatlichen und kommunalen Firmen trotzdem verbessert. Von den Lohnempfängern in privaten Branchen empfinden 53 % ihre Arbeit als psychisch schwer. 31 % beurteilten ihre Arbeit als physisch anstrengend. Im öffentlichen Sektor war die Einstufung der Arbeit als psychisch schwer mit 73 % sehr weit verbreitet.

Symptome wie Gleichgültigkeit, Ermüdung, Schlafstörungen und Angespanntheit haben stark zugenommen. Mehr Befragte als früher stellen den Sinn der Arbeit überhaupt in Frage. Dies ist zugleich ein Hinweis auf die Bedeutung der Organisierung der Arbeit, für die Ausdauer am Arbeitsplatz und das längere Verbleiben im Berufsleben. Auch krankheitsbedingte Fehlzeiten haben in den Betrieben zugenommen. Trotz einer leicht positiven Entwicklung sind Hektik, verschärfte Ergebnisvorgaben und ein härterer Wettbewerb für das finnische Berufsleben kennzeichnende Charakteristika.

Gesundheit und Leistungsfähigkeit

Die Gesundheit ist der Einzelfaktor, der sich am stärksten auf die Bereitschaft zum Weiterarbeiten auswirkt. Wer sich gesund fühlt, hat das größte Interesse daran, im Berufsleben zu bleiben. Auch qualitative Faktoren des Berufslebens wie etwa ein gutes Betriebsklima und für gut befundene Vorgesetztenarbeit fördern diese Bereitschaft.

In einer Follow-up-Studie über ältere kommunale Arbeitnehmer war ein Arbeitsfähigkeitsindex entwickelt worden, der in der betriebsärztlichen Versorgung und in wissenschaftlichen Untersuchungen auch außerhalb Finnlands sehr viel angewandt wird.

Die Arbeitnehmer beurteilen ihre Arbeitsfähigkeit als relativ gut. Der nach dem Arbeitsfähigkeitsindex ermittelte durchschnittliche Punktwert aller Arbeitnehmer beträgt 7,5 und der Median 8 (Maximalwert 10). In der Untersuchung Terveys 2000 (Gesundheit 2000) lag der Punktwert für 55- bis 64-Jährige bei 8,0. Die Arbeitsfähigkeit der Berufstätigen wurde nach einem Arbeitsfähigkeitsindex, den das Finnische Institut für Arbeitsmedizin (Työterveyslaitos) für eine Studie im Jahre 2004 erarbeitet hatte, beurteilt. Der Untersuchung zufolge erblickten die Arbeitnehmer im Niveau ihrer eigenen Arbeitsfähigkeit je nach den psychischen oder körperlichen Anforderungen keinen Unterschied. Die Unterschiede in der Arbeitsfähigkeit je nach Branche zeigten keine große Variation. Das gleiche gilt für die Unterschiede in der Arbeitsfähigkeit von Männern und Frauen.

In den einzelnen Berufsgruppen wichen die Einschätzungen von Männern und Frauen praktisch gar nicht voneinander ab. Die Bedeutung des Alters zeigt sich in der Selbstbeurteilung: In der Gruppe der unter 25-Jährigen und der 25- bis 34-Jährigen stuften zwei Drittel ihre Arbeitsfähigkeit als „sehr gut“ ein, bei den über 54-Jährigen nur ein knappes Viertel. In allen Altersgruppen wurde die eigene Arbeitsfähigkeit nach der psychischen Dimension schlechter beurteilt als nach der körperlichen Dimension. 94 % urteilten, dass sie mit ziemlicher Sicherheit auch nach zwei Jahren noch in ihrem heutigen Beruf arbeiten würden. Von den Arbeitnehmern hatten rund 40 % während des vergangenen Jahres keine krankheitsbedingten Fehlzeiten gehabt. Die entsprechende Zahl bei Unternehmern betrug über 50 %. Die Arbeit als sinnvoll zu erleben, gute Vorgesetztenarbeit, die Kollegen und die Möglichkeit, über die eigene Arbeit mitzubestimmen, waren wichtige Teilfaktoren für das Verbleiben im Beruf. Die Möglichkeit, über die eigene Arbeit mitzubestimmen, hielten die Befragten für wichtiger als flexible Arbeitszeiten, die allerdings auch als relativ wichtig angesehen wurden. Die Erhöhung der Flexibilität der Arbeitszeiten wird besonders vom Standpunkt des Verbleibens über 44-jähriger Männer im Arbeitsleben als wichtig angesehen (2003). Bei den über 58-jährigen Männern war mit 65 % der Anteil derjenigen, die flexible Arbeitszeiten als einen für das Verbleiben im Berufsleben wichtigen Faktor ansehen, kleiner als bei den Frauen (76 %) dieser Altersgruppe.

In einer Untersuchung zur Leistungswandlung wurden 67 % der Finnen der Kategorie der Gesunden und 18 % der Kategorie der Kranken ohne Einschränkungen der Arbeitsfähigkeit zugeordnet. Der dritten Kategorie mit dem größten Leistungsdefizit wurden 2003 15 % zugeordnet. Männer waren in der Kategorie der Gesunden stärker vertreten als Frauen, Frauen wiederum stärker in der Kategorie der Kranken ohne Einschränkungen der Arbeitsfähigkeit. In der Kategorie mit dem größten Leistungsdefizit waren gleichermaßen Frauen und Männer vertreten. Für leistungsgewandelte Menschen besteht die Möglichkeit zur Rehabilitation mit dem Ziel, die krankheits- oder behinderungsbedingten Nachteile auszugleichen, sowie zur beruflichen Förderung. Rehabilitation würde man eigentlich gerne mehr einsetzen als bisher. Die staatliche Sozialversicherungsanstalt (Kela) betreibt Rehabilitation, doch setzt sich das nicht in ein am Arbeitsmarkt sichtbares Wachstum des Anteils rehabilitierter Arbeitnehmer um. In der Follow-up-Untersuchung wird daher ein an das Altern gebundener, rehabilitationsunabhängiger Trend zum Ausstieg aus dem Berufsleben festgestellt.

Die Arbeitsfähigkeit der älteren Bevölkerung hat sich in den letzten zwei Jahrzehnten verbessert. Dies zeigt sich am Anteil der Erwerbsunfähigkeitsrenten. Eine Erwerbsunfähigkeitsrente bezogen im Jahre 1980 altersbereinigt 37 % der 55- bis 64-jährigen Männer. Noch 2000 lag der entsprechende Anteil bei 27 Prozent. Bei den Frauen zeigte sich der gleiche Trend, wenn auch weniger ausgeprägt. Auch in der subjektiven Eigeneinschätzung ihrer Gesundheit geben die Menschen bessere Beurteilungen. Waren 1980 von den 55- bis 64-jährigen Männern nach eigener Einschätzung 54 % in ihrer Arbeitsfähigkeit eingeschränkt, so waren es im Jahre 2000 nur noch 45 %.

Fort- und Weiterbildung

In der Bildung und Ausbildung junger Menschen hat Finnland in Europa eine Spitzenposition erreicht. Einen Abschluss der Tertiärstufe bzw. Hochschulabschluss haben von den 25- bis 64-Jährigen in Finnland über 30 %, im übrigen Europa jedoch unter 30 %. Im internationalen Vergleich liegen nur Kanada und die USA vor Finnland, Japan liegt gleichauf. Nationale Zielvorgabe ist ein Bildungsstand, bei dem 50 % der Bevölkerung einen Hochschulabschluss haben. Einen Abschluss zumindest der Sekundarstufe haben 87,6 % der 25- bis 34-Jährigen.

Laut einer Erhebung des finnischen Statistischen Zentralamts aus 2006 ist die Beteiligungsrate an der Erwachsenenbildung unter den 18- bis 64-Jährigen von 32 % im Jahre 1980 auf 54 % in 2000 stetig angestiegen. Im Jahre 2006 zeigte sich mit einer Beteiligungsrate von 52 % zum ersten Mal ein leichter Rückgang. Die Beteiligungsrate der 55- bis 64-Jährigen stieg von 15 % in 1980 auf 37 % in 2006.

Im Jahre 2006 beurteilten die Menschen die Anforderungen des Berufslebens gegenüber 2000 als geringfügig leichter. Im Laufe von sechs Jahren hatten sich die Möglichkeiten, eine vom Arbeitgeber finanzierte berufliche Schulung zu erhalten, verbessert. Den Nutzen der Schulung erblickten die Befragten zunächst einmal in der Wissensvermittlung, dann in der Vorbereitung auf anspruchsvolle Arbeitsaufgaben, der Motivationssteigerung und der Förderung des

Selbstvertrauens. Am wenigsten Nutzen erbrachte die Schulung bei der Übernahme neuer Arbeitsaufgaben. Im Jahre 2006 beteiligten sich von den 55- bis 64-Jährigen 40 % an der beruflichen Erwachsenenbildung, von den 18- bis 64-Jährigen 51 %. Die Beteiligung der älteren Altersgruppe war von 27 % in 1990 auf 40 % in 2006 angewachsen.

An Personalschulungen beteiligten sich in 2006 von den 18- bis 64-jährigen Arbeitnehmern 57 % und von den 55- bis 64-jährigen 52 %. Einen Schulungsbedarf im Zusammenhang mit Arbeit und Beruf spürten nach eigener Aussage 43 % aller Arbeitnehmer und 25 % der 55- bis 64-Jährigen.

In den Vergleichsjahren seit 2000 war die Führungs- und Vorgesetztenschulung beträchtlich ausgebaut worden. An nächster Stelle kamen Schulung des Pflegesektors, Technik, Produktions- und andere Kurse. Abgesehen von den über 55-Jährigen hatten die Menschen im Ausbildungs- und Erwerbsalter im Jahre 2006 gute Kenntnisse in mindestens einer Fremdsprache. Die Sprachkenntnisse der Menschen im Erwerbsalter betreffen hauptsächlich Englisch und Schwedisch. Im Vergleich zu 2000 hat sich der Bedarf an EDV-Schulungen unter den Menschen im Erwerbsalter spürbar verringert.

Von den Arbeitnehmern beteiligten sich 58 % an der beruflichen Erwachsenenbildung. Hochschulabsolventen und Arbeitnehmer im öffentlichen Sektor beteiligen sich häufiger als andere. Gruppen, die sich ebenfalls etwas stärker an der beruflichen Erwachsenenbildung beteiligen, sind Frauen, 25- bis 54-Jährige, Angestellte und Bewohner städtischer Siedlungen.

Abbildung 16: **Beteiligung an der beruflichen Erwachsenenbildung je nach Bildungsgrad im Jahre 2006 (18- bis 64-jährige Arbeitnehmer)**

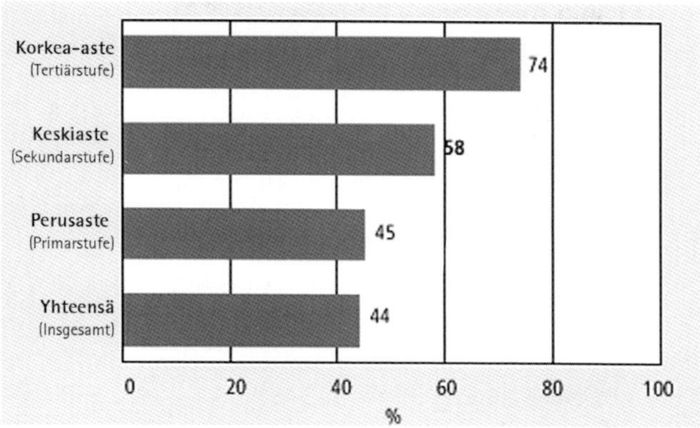

Quelle: Aikuiskoulutustutkimus 2006. Tilastokeskus.

Abbildung 17: **Beteiligung an der beruflichen Erwachsenenbildung je nach Arbeitgebersektor im Jahre 2006 (18- bis 64-jährige Arbeitnehmer)**

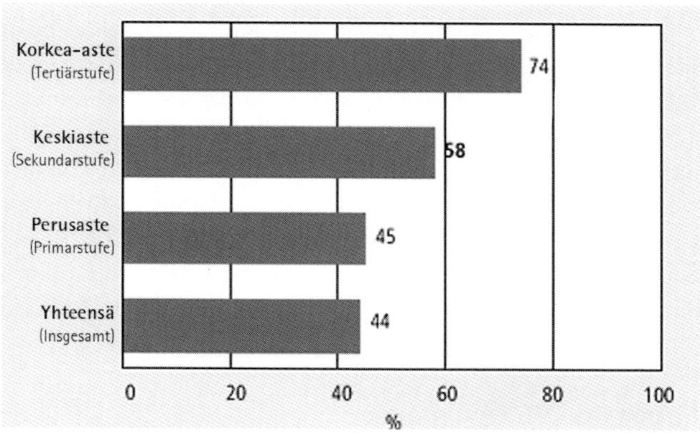

Quelle: Aikuiskoulutustutkimus 2006. Tilastokeskus.

Konkrete alterspolitische Aktionen auf nationaler, regionaler und betrieblicher Ebene

In allen nordischen Ländern wurden alterspolitische Programme aufgelegt. Die finnischen Programme zur Entwicklung der Welt der Arbeit:

1. Nationales Altersprogramm, 1998 – 2002
2. Ausdauer am Arbeitsplatz, Arbeitsministerium (TM), 2000 – 2003
3. Ausdauerprogramm KESTO, Institut für Arbeitsmedizin (Työterveyslaitos, TTL), 2004 – 2007
4. Programm zur beruflichen Qualifikationssteigerung NOSTE, Unterrichtsministerium (OPM), 2003 – 2007
5. Programm zur Entwicklung des Arbeitslebens (TYKES), Arbeitsministerium (TM), 1996 - 1999, 2000 - 2003 und 2004 - 2009
6. Programm des Ministeriums für Soziales und Gesundheit „Zurück ins Arbeitsleben" (VETO), Ministerium für Soziales und Gesundheit (STM), 2003 – 2007
7. Förderung des Wohlbefindens am Arbeitsplatz staatlicher Stellen (KAIKU), 2002 – 2004

Das erste alterspolitische Programm *FinnAge* führte das Finnische Institut für Arbeitsmedizin 1990 – 1996 durch. Es zielte auf die Verbesserung der Arbeitsfähigkeit alternder Arbeitnehmer und ihres Wohlbefindens am Arbeitsplatz ab; hierzu sollten Forschung, breite Informierung über bewährte Verfahrensweisen und Vernetzung von Unternehmen und Verbänden dienen. Auf der Grundlage dieser Vorarbeit wurde ein Ausschuss (IKOMI 1996) mit dem Auftrag, die Voraussetzungen zur Beschäftigung älterer Arbeitnehmer zu erkunden, eingesetzt. Der Ausschuss veröffentlichte 1997 ein *Nationales Altersprogramm* für die Jahre 1998 – 2002.

Nationales Altersprogramm

Ziel des Nationalen Altersprogramms war es, den Verbleib und die Ausdauer der alternden und älteren Arbeitnehmer im Arbeitsleben sowie ihre Beschäftigungsmöglichkeiten zu fördern. Im einzelnen bestand das Altersprogramm aus mehrere Verwaltungssektoren, übergreifenden Informations- und Schulungsvorhaben, Aktionen zur Wahrung der Arbeitsfähigkeit, Förderung der Beschäftigungsmöglichkeiten und Informationskampagnen zur Schaffung „altersfreundlicher“ Einstellungen. Das Programm enthielt auch umfassende Forschungsarbeiten sowie Vorhaben zur Entwicklung der Arbeitsteams. Im Rahmen des Altersprogramms wurde auch die einschlägige gesetzgeberische Arbeit vorangetrieben. Zielgruppe des Programms sind 45- bis 64-jährige Arbeitnehmer und Arbeitslose, betriebsärztliches und Arbeitsschutzpersonal, Personal der Arbeitsadministration, Lehrpersonal, Arbeitgeber und Arbeitsteams. (KIO 2002.)

Ausdauer am Arbeitsplatz

Das Programm Ausdauer am Arbeitsplatz hatte das Ziel, die Arbeitsfähigkeit zu verbessern und das Wohlbefinden am Arbeitsplatz aufrechtzuerhalten. Den Anstoß zum Ausdauerprogramm gaben zum einen der Umbruch im Arbeitsleben, zum anderen der vorzeitige Ausstieg aus dem Arbeitsleben, ferner die Herausforderungen aus der demographischen Entwicklung und die hohen Belastungswerte, die in Betriebsklima-Studien ermittelt worden waren. Zielgruppen des Programms waren Unternehmen der verschiedensten Branchen, öffentliche Körperschaften, Verbände, Unternehmer und Landwirte. Das Programm hatte vier funktionelle Ebenen: Informierung und Verbreitung bewährter Verfahrensweisen, Nutzung vorhandener Forschungsergebnisse und Einleitung neuer Forschung, Unterstützung von Entwicklungsvorhaben und Beobachtung der Gesetzgebung. Im Programm gilt der mentalen Ausdauer und dem psychischen Wohlbefinden ein besonderes Augenmerk. Zu Programmbeginn wurden die Teilfaktoren, die sich auf die Ausdauer am Arbeitsplatz auswirken, definiert: mentale Ausdauer und psychisches Wohlbefinden, Tätigkeit und Entwicklung des Arbeitsteams, Arbeitsumfeld und Verhältnisse am Arbeitsplatz, Beherrschung der Arbeit, Kompetenz und Fachkönnen, Arbeitszeit- und sonstige betriebliche Regelungen, körperliche und geistige Gesundheit sowie Vereinbarkeit von Beruf und Familie.

Ziel des Ausdauerprogramms ist es, das Wohlbefinden am Arbeitsplatz zu fördern und aufrechtzuerhalten. In ihrem Follow-up-Bericht stellt die Arbeitsgruppe fest, dass die Arbeitsausdauer von der Förderung der Arbeitsfähigkeit und des Wohlbefindens am Arbeitsplatz abhänge. Diese wiederum gründeten auf einer Steigerung von Gesundheit und Kondition, insbesondere aber auch auf der Lösung von Problemen im Arbeitsteam sowie auf der Sicherung von Fachkompetenz und -können. Im Rahmen des Programms wurden drei Forschungsvorhaben zu folgenden Themen gestartet: Follow-up zu den Humanressourcen und Umsetzung der Ergebnisse, Arbeitsausdauer junger Erwachsener und Wirksamkeit bewährter Verfahrensweisen.

Als Teilfaktoren des Wohlbefindens am Arbeitsplatz wurden identifiziert:

1. Handlungsweisen von Arbeitsteams (Unternehmenskultur, Managementstil, Vorgesetztenarbeit, Betriebsklima)
2. Verhältnisse am Arbeitsplatz und Arbeitsabläufe (Arbeitsmethoden, Ausführungsweisen der Arbeit, Arbeitszeit, Arbeitsbelastung)
3. Kompetenz und Fachkönnen (Schulung, Fachkönnen, berufliche Kompetenz, Lernen)
4. Arbeitsfähigkeit und Ausdauer (Gesundheit, Arbeitsfähigkeit, Ausdauer, psychische Ausdauer)

Stellung der alternden Arbeitnehmer (Einstellungen, Förderung der Ausdauer am Arbeitsplatz, Altersmanagement, Arbeitslosigkeit)

Im Rahmen des Programms wurde Finanzierung für betriebliche Entwicklungsvorhaben bereitgestellt.

Ausdauerprogramm KESTO

Das KESTO-Programm des Finnischen Instituts für Arbeitsmedizin entwickelt einen kostenlosen Internet-Dienst mit Namen Duunitalkoot, der als Hilfsmittel zur Planung und Entwicklung des Betriebsklimas dienen soll. Sein Ziel ist es, Chancen zur kontinuierlichen gemeinsamen Verbesserung des Wohlbefindens am Arbeitsplatz und diesbezüglicher Aktivitäten aufzuzeigen. Für die Ausdauer bei der Arbeit und das Weiterarbeiten wichtige Umstände sind u. a. Lösungen zu den betrieblichen Flexibilitätsspannen, Aufrechterhaltung der beruflichen Kompetenz, Wahrung der Arbeitsfähigkeit sowie Verständnis multikultureller Umgebungen und unterschiedlicher Arbeitskulturen.

Für die Beobachtung des Umfangs, Inhalts und der Ergebnisse von Aktionen zur Wahrung der Arbeitsfähigkeit wurde im Rahmen des nationalen Altersprogramms ein spezielles Arbeitsfähigkeitsbarometer geschaffen. Den Ergebnissen des Barometers zufolge war der größte Teil der finnischen Arbeitnehmer Anfang der 2000er Jahre zumindest in ein einfaches System zur Wahrung der Arbeitsfähigkeit einbezogen. Der Glaube an die wirtschaftliche Rentabilität der Systeme war stark und die Aktionen zur Wahrung der Arbeitsfähigkeit galten in den Betrieben als wichtig. Laut dem Arbeitsfähigkeitsbarometer von 2001 wurde das Weiterarbeiten älterer Arbeitnehmer in rund jedem zehnten Betrieb nachdrücklich gefördert. Nach Arbeitnehmersicht gab es für das Weiterarbeiten älterer Arbeitnehmer in jedem dritten Betrieb keinerlei Ansporn. Nach den Antworten der Arbeitgeber zu urteilen war dies in gut einem Viertel der Betriebe der Fall. Dem Arbeitsfähigkeitsbarometer zufolge war das Altersmanagement um die Jahrtausendwende erst wenig verbreitet. In 80 % der privaten und in 70 % der öffentlichen Betriebe war diese Praxis unbekannt. Bei einer Expertenbefragung zur Evaluierung des Altersprogramms fiel auf, dass die Diskriminierung über 50-Jähriger bei Neueinstellungen allgemein als Problem gilt. Etwa die Hälfte der Befragten meinte, dass die Diskriminierungslage sich während des Altersprogramms nicht geändert habe, ein Viertel sprach sogar von einer Verschlechterung.

Die Aktionen zur Wahrung und Förderung der Arbeitsfähigkeit wurden laut dem Arbeitsumfeld-Barometer des Arbeitsministeriums von 2002 stark intensiviert. Auch inhaltlich wurden die Aktivitäten ausgeweitet. Unter den Aktionen zur Förderung der Arbeitsfähigkeit erhielt die Steigerung der beruflichen Kompetenz die weiteste Verbreitung.

Programm zur beruflichen Qualifikationssteigerung NOSTE

Das Programm NOSTE hatte das Ziel, die berufliche Kompetenz älterer Arbeitnehmer mit niedrigerem Ausbildungsstand zu steigern. Über 23.000 Arbeitnehmer begannen mit NOSTE-Finanzierung eine Fortbildung, 8843 davon im EDV-Bereich. Im Jahre 2007 begannen 4554 Teilnehmer eine Schulung. Insgesamt wurden 14.475 Prüfungen und Teilprüfungen abgelegt, 49 % davon zu „Computerführerscheinen" und dazugehörigen Teilprüfungen. Von den Kursanfängern waren in 2007 rund 40 % Männer. Der Anteil Arbeitsloser unter den Kursanfängern betrug 2007 rund 13 %.

Programm zur Entwicklung des Arbeitslebens (TYKES)

Ziel des Programms zur Entwicklung des Arbeitslebens war es, die betrieblichen Verfahrensweisen so anzupassen, dass sowohl die betrieblichen Ergebnisse als auch die Qualität des Arbeitslebens gesteigert werden. Eine zentrale Stellung nahmen Entwicklungsvorhaben in den Betrieben ein. Die Vorhaben hatten einen oder mehrere Schwerpunktbereiche. Es sollten u. a. die Arbeitsabläufe, das Funktionieren der Arbeitsteams, das Management, die Teamarbeit, die Arbeitsfähigkeit und die Ausdauer sowie die externe Vernetzung entwickelt werden.

Seit 2007 ist das Programm zur Entwicklung des Arbeitslebens (TYKES) das wichtigste seiner Art. Mit ihm werden zugleich die wirtschaftliche Effizienz von Unternehmen und Körperschaften und die Qualität des Arbeitslebens gefördert. Ausgangspunkt der Vorhaben ist die Kooperation von Management und Personal. Zur breiten Informierung über die Ergebnisse dienen Veröffentlichungen und Vernetzung der Programmbeauftragten.

Strategische Schwerpunktbereiche des Forschungsprogramms für 2008 bis 2011 sind die Steigerung der Produktivität und die Verbesserung der Qualität des Arbeitslebens, Förderung des Fachkönnens auf individueller und betrieblicher Ebene sowie Ansporn von Beschäftigung und Unternehmertum in Eigeninitiative. Im Rahmen des Programms wurden bisher 337 Vorhaben zur Erforschung und Entwicklung des Arbeitslebens durchgeführt. Zielvorgabe sind 1000

Vorhaben, die in dieser Programmperiode 250.000 Menschen erfassen sollen.

Mit einem arbeitspolitischen Forschungsprogramm soll die Qualität der arbeits- und gewerbepolitischen Beschlussfassung verbessert werden In diesem Vorhaben wurden über 300 Studien zum Arbeitsleben erstellt. Ein Ziel war es, auf eine Verringerung der negativen Einflüsse des Alterns und eine Steigerung seiner positiven Auswirkungen hinzuwirken. Zentrale Schwerpunktbereiche der Programmperiode 2008 bis 2011 sind Flexibilität und Sicherheit (flexicurity), ergebnisorientiertes Personalmanagement (SHRM), Verfahren zum Lernen am Arbeitsplatz, Kooperations- und Partizipationsmodelle im Arbeitsleben sowie Abstimmung von Arbeit und Privatleben in verschiedenen Lebensphasen.

Programm Zurück ins Arbeitsleben (VETO)

Das Wohlbefinden und die Ausdauer der Arbeitnehmer sind die zentralen Ansatzpunkte dieses Programms zur Attraktivität des Arbeitslebens. Es richtet sich an alle Menschen im Erwerbsalter, speziell jedoch an ältere Arbeitnehmer und Berufsanfänger. Ziel ist es, jüngere Menschen zu einem früheren Einstieg ins Arbeitsleben und ältere Arbeitnehmer dazu anzuspornen, dass sie vor ihrer Verrentung zwei bis drei Jahre länger als bisher üblich im Berufsleben verbleiben. Sicherheit, Gesundheit und das Wohlbefinden der Arbeitnehmer sind die Voraussetzungen dafür, dass die Freude an der Arbeit das ganze Berufsleben hindurch erhalten bleibt.

Das VETO-Programm besteht aus fünf Teilbereichen oder Themen, für die jeweils eine eigene Aktionsgruppe zuständig ist:

Hohe Qualität des Arbeitslebens und gute Sicherheitskultur. Ein Augenmerk gilt hier u.a. der Vorbeugung gegen Arbeitsunfälle sowie der Informierung über bewährte Verfahrensweisen zu Arbeitsmedizin und -schutz.

Wirksame arbeitsmedizinische Betreuung und Rehabilitation. Es soll ein neues Modell geschaffen werden, bei dem das Risiko der Erwerbsunfähigkeit frühzeitig erkannt und die Menschen zu Rehabilitation in Eigeninitiative angespornt werden.

Vielfältigkeit und Gleichstellung im Arbeitsleben. Die Gleichstellungsaspekte sollen also stärker ins Arbeitsleben einbezogen werden. Auch werden neue Mittel zur flexiblen Vereinbarkeit von Beruf und Familie gesucht.

Einkommenssicherung und Lebensarbeitszeit mit Arbeitsanreizen. Hier wird die Umsetzung der neuen Rentengesetzgebung evaluiert.

Unter dem Titel Kommunikation sollen die Themen des VETO-Programms in die öffentliche Diskussion eingebracht und eine Sensibilisierung für die Thematik bewirkt werden.

Förderung des Wohlbefindens am Arbeitsplatz staatlicher Stellen (KAIKU)

Im staatlichen KAIKU-Entwicklungsprogramm sollen 300 Beauftragte für das Wohlbefinden am Arbeitsplatz geschult werden. Dadurch soll der Frühverrentung entgegengewirkt werden. Von den Arbeitnehmern des staatlichen Sektors werden bis 2010 rund 50 % in Rente gehen. Das bisherige Ruhestandsalter war 59 Jahre. Zielvorgabe ist es, ein Drittel der Frühverrentungen zu verhindern. Das Programm enthält eine alljährliche Evaluierung der individuellen Leistungsfähigkeit und des Wohlbefindens am Arbeitsplatz sowie des Betriebsklimas. Schätzungsweise die Hälfte der staatlichen Behörden hat die Evaluierungen durchgeführt.

Kursthema für die Beauftragten für das Wohlbefinden am Arbeitsplatz waren die Evaluierungen der Entwicklungsmöglichkeiten, des Personalmanagements und des Betriebsklimas. Für die erforderliche Betreuung wurde ein Netz gegründet, dem sich u.a. staatliche Lehranstalten angeschlossen haben, sowie die Zollverwaltung, das Verteidigungsministerium und die Polizeidirektion Helsinki.

Weitere Programme

Mit finanzieller Unterstützung durch den Europäischen Sozialfonds (ESF) wurden einige Schulungs- und Entwicklungsvorhaben durchgeführt. Sie betrafen in erster Linie die Berufsausbildung und Weiterbildung (455/908, Ziel 4 insgesamt). Ein weiterer spezieller Themenkreis ist die Früherkennung von Änderungen im Arbeitsleben, am Arbeitsmarkt und bei den beruflichen Anforderungen (174/908).

Hannu Piekkola zufolge gibt es selbst in großen Industrieunternehmen keine speziellen Altersprogramme oder -strategien. Man hatte geglaubt, auch in Zukunft gewerbliche Arbeitnehmer und Angestellte mit guter Entlohnung leicht für das Unternehmen gewinnen zu können. Aktives Altern ist ein Bestandteil verschiedener Strategien zur Förderung von Fachkönnen und Gesundheit. Inwieweit das Altersmanagement über diese Elemente zum Tragen kommt, ist vorerst ungeklärt. In der Industrie war man bei der Entlohnung in den 1980er Jahren dazu übergegangen, den faktischen Schwierigkeitsgrad sowie das Fachkönnen und die Leistungsträger zu berücksichtigen. Die Zusammenhänge von Entlohnungssystemen und Altern wurden nicht geklärt.

Im Bankensektor wurde in zwei Finanzkonzernen ein Entwicklungsvorhaben, mit dem die Arbeitnehmer motiviert werden sollten, ihre Arbeitsaufgaben bis zum Ruhestandsalter erfolgreich wahrzunehmen, durchgeführt.

In vielen industriellen Großbetrieben wird ein Drittel der heutigen Belegschaft bis 2013 in Rente gehen. Die Planungen der Unternehmen für diesen Generationswechsel betreffen vor allem Neueinstellungen. Um diesen Wandel zu beschleunigen, nutzen die Unternehmen die vorhandenen Frühverrentungssysteme aus. Rentenversicherungsgesellschaften bieten Dienstleistungen zur Rehabilitierung Leistungsgewandelter und zur Schulung von Management und Personal in Fragen des Wohlbefindens am Arbeitsplatz an. Einige Unternehmen betreiben Humanressourcen-Management samt den dazugehörigen Strategien und haben Systeme zur Personalberichterstattung und Programme zum Wohlbefinden am Arbeitsplatz. Die meisten führen keine „Verrentungsaufzeichnungen", das summarische durchschnittliche Verrentungsalter ist jedoch bekannt.

UPM Kymmene, ein Weltkonzern der Forst- und Papierindustrie, hat das vom Finnischen Institut für Arbeitsmedizin erarbeitete Schulungsprogramm zum Altersmanagement aufgegriffen. Über 50 Vorgesetzte des obersten und mittleren Managements des Unternehmens beteiligten sich an einer Schulung zur Altersstrategie.

Auch einige andere Unternehmen haben eigene Altersprogramme. Abloy, ein Unternehmen der Schloss- und Sicherheitsbranche, hat seit 2000 ein *Altmeisterprogramm*, das die Wertschätzung und die Arbeitsfähigkeit Älterer wahren soll. 58-jährigen Mitarbeitern werden Pflege der physischen Kondition, Schaffung von Gemeinschaftsgeist, individuelle Physiotherapie, Massage und maximal 20 zusätzliche freie Tage pro Jahr angeboten. Die Wirkung des Programms zeigte sich in einem Anstieg des Ruhestandsalters von 60 auf 63, geringerem Krankenstand und besserer Arbeitszufriedenheit.

Eigentliche Altersprogramme gab es bei den Unternehmen nur wenige und sie alle wurden nach 2000 eingeführt. Programme zur Förderung des Wohlbefindens am Arbeitsplatz im Rahmen des Humanressourcen-Managements gab es dagegen im größeren Maße.

Die drei größten Arbeitsrenten-Versicherungsgesellschaften haben Programme zur Förderung des Wohlbefindens am Arbeitsplatz und bieten Rehabilitationsleistungen an. Das umfassendste derartige Programm – *Kommunalarbeit mit Kondition* – wird von der Kommunalen Rentenversicherungsanstalt (KEVA) angeboten und hat guten Anklang gefunden.

Programm zum Altersmanagement beim Bauamt der Stadt Helsinki

Im Bauamt der Stadt Helsinki wurde am Anfang der 2000-er Jahre ein echtes alterspolitisches Entwicklungsvorhaben gestartet, über das in 2006 ein Bericht vorgelegt wurde. Die Arbeiten in den zum Bauamt gehörenden Betrieben (Bau, Reparatur und Transport) sind körperlich schwer oder mittelschwer. Das durchschnittliche Leistungsvermögen sinkt im Allgemeinen mit zunehmendem Alter. Die Wahrung des Leistungsvermögens und -willens älterer Arbeitnehmer auf einem guten Stand bei gleichzeitig hohem Verrentungsalter ist eine Summe vieler Faktoren. Von Bedeutung sind hier die individuellen Umstände der Arbeitnehmer, am wichtigsten jedoch ist es, die körperliche und geistige Gesundheit und den Lebensschwung auf einem hohen Stand zu halten. Das in dem Altersprogramm für über 56-Jährige entwickelte Funktionsmodell einer „Gesundheitsgarantie" erwies sich für das Bauamt von Helsinki als Erfolg im Hinblick auf die Wahrung von Wettbewerbsfähigkeit und Rentabilität auch bei physisch schweren Arbeiten. Die Botschaft der „Gesundheitsgarantie“ *Wir sorgen für Dich, wenn Du alterst* ist auch bei den 45- bis 55-Jährigen, die ständig über ihre Zukunft im Bauamt oder bei Konkurrenzbetrieben nachdenken, gut angekommen. Der Arbeitgeber bezahlt jedes dritte Jahr die Gesundheits- und Konditionschecks der Mitarbeiter. Das Programm enthält ein interessantes Altersfrei-System, das in das Arbeitsleben ein spezielles Flexibilitätsmodell eingebracht hat. Zum Altersprogramm des Bauamts Helsinki gehört ein Dialog zwischen Vorgesetztem und Mitarbeiter, in dem für alle über 45-jährigen Mitarbeiter für die nächsten Jahre ein persönlicher Entwicklungsplan vereinbart wird. Angestrebt wird, dem Vorgesetzten ausreichende Kenntnisse und andere Fertigkeiten für diesen Dialog an die Hand zu geben. Formulare allein reichen dafür nicht aus.

Zum Altersprogramm gehören aktive Gesundheitschecks, Konditionstests und Sportgruppen sowie aktive Kooperation von Mitarbeitern und Vorgesetzten. Die „Gesundheitsgarantie“ im Rahmen der betriebsärztlichen Versorgung bedeutet einen alljährlichen Gesundheitscheck für über 55-Jährige. Während der Laufzeit des Programms beteiligten sich auch 45- bis 54-Jährige an den Checks. Durch die Untersuchung des gesamten alternden Personals erhielt man ein Gesamtbild von den Belastungsfaktoren der Arbeit und der Belastung. Die so entstandene Gesundheitsdatei bietet eine solide Wissensgrundlage zum Gesundheitsstand und zur Arbeitsfähigkeit des Personals. Im eHR-Datensystem beurteilten der Arbeitnehmer und der Vorgesetzte gemeinsam die physische und psychische Arbeitsbelastung und gaben ihre Beurteilungsdaten in das System ein, für das die betriebsärztlichen Mitarbeiter ein Zugangs- und Leserecht haben. Die betriebsärztlichen Mitarbeiter beteiligten sich an der Einschätzung des Altersfrei-Bedarfs aufgrund ihrer eigenen Erkenntnisse und der eHR-Eintragungen. Die Regulierung der Arbeitsbelastung, die Arbeitsrotation und die Berücksichtigung der Leistungseinschränkungen waren die wichtigsten Kooperationsmittel von Vorgesetzten und betriebsärztlichen Mitarbeitern.

Für ein angemessenes Altersmanagement brauchen die Vorgesetzten die erforderlichen Informationen. Diese betreffen sowohl die betrieblichen Vorgaben als auch die älteren Mitarbeiter. Im

Rahmen des Altersprogramms des Bauamts Helsinki wurde für die Vorgesetzten ein elektronisches Personalmanagement-System (abgekürzt eHR) entwickelt. Das System dient zur Erfassung und Dokumentierung der Gespräche von Vorgesetztem und Mitarbeiter über den persönlichen Entwicklungsplan und andere Themen, zur Beurteilung der Arbeitsbelastung, zur Erfassung und Evaluierung der Fachkenntnisse und der daraus resultierenden Entwicklungserfordernisse, zur Meldung des Krankenstands und von Fehlzeiten, zur Schulungsverwaltung sowie zur Notierung vieler anderer Angaben und zwischen Vorgesetztem und Mitarbeiter getroffener Absprachen. Grundsätzlich gilt, dass alle das Datensystem gemeinsam nutzen können. Das eHR ist also mehr als ein bloßes Informationssystem, es ist ein interaktiver Kommunikationskanal zwischen Mitarbeitern, Vorgesetzten, betriebsärztlichen Mitarbeitern und Management.

Allerdings wurde auch festgestellt, dass sich Teilzeitrenten nur schlecht für die Bauamtsbetriebe eignen, da die Arbeitsaufgaben Gesamtaufträge sind und von den Kundenvorgaben abhängen. Ein Ziel des Altersprogramms ist es daher, den Bedarf an Teilzeitrenten durch andere Arrangements zu verringern. Dieses Ziel wurde auch tatsächlich erreicht, denn während des Altersprogramms entschieden sich nur sehr wenige Mitarbeiter für Teilzeitrenten. Alles in allem sind die Erfahrungen zur Wirksamkeit des Altersprogramms als Mittel zur Förderung der Ausdauer am Arbeitsplatz teilweise widersprüchlich.

Das Gesund-in-Rente-Programm ME-2005 der Firma ORAS Oy

ORAS ist ein mittelgroßes finnisches Unternehmen, das Wasserarmaturen herstellt. In der Altersstruktur des Personals war es zu einer Verzerrung gekommen, wichtige Fachkönner „drohten", in Rente zu gehen. Die Herstellung von Wasserhähnen ist gleichwohl eine weitgehend handwerkliche Arbeit. Das Unternehmen sperrte die Frühverrentungsschleife und schuf das Projekt ME-2005, mit dem das physische und mentale Wohlbefinden der älteren Mitarbeiter gefördert werden sollte. So würde man Verrentungen wegen Erwerbsunfähigkeit vermeiden und könnten alle bis zum 65.

Lebensjahr weiterarbeiten. Das Programm wurde in Zusammenarbeit von Management und Personal geplant. Um eine realistische Grundlage zu sichern, wurden die Altersprogramme anderer Firmen im Benchmarking verglichen. Es wurde ein Seniorenclub geschaffen, in dem ältere Mitarbeiter Lösungen für die Probleme, denen sie in ihrem Arbeitsumfeld konfrontiert wurden, suchten. Es sollte ein positiver Gemeinschaftsgeist aufgebaut werden. Es wurde probeweise ein „Senioren-Frei" eingeführt. Dem gemäß haben über 55-Jährige die Möglichkeit, zwecks Erholung von arbeitsbedingter Erschöpfung 4 bis 30 zusätzliche freie Tage pro Jahr zu bekommen. Ziel des Tests war es, geeignete Modelle der individuellen Flexibilität zu finden. Die Senioren wurden auch von der Schichtarbeit freigestellt. Es wurde Teamarbeit organisiert und die Mitarbeiter erhielten mehr Partizipationsmöglichkeiten. Der Führungsstil wurde auf Unterstützung der Teamarbeit umgestellt. Die Vorarbeiter wurden zu Teamtrainern. Zur Verbesserung der funktionalen Flexibilität wurde die Mehrfachkompetenz ausgebaut. Die Arbeitsabläufe wurden neu gestaltet und im Zusammenhang damit die notwendige Fachschulung und Schulung der Betriebsleitung arrangiert. Die Entlohnung wurde auf Festlohn umgestellt, damit niemand wegen des Erlernens neuer Arbeitsaufgaben finanzielle Einbußen hinnehmen musste. Das Programm enthielt Fitness-Treffen und Vorbeugung gegen arbeitsbezogene Gesundheitsprobleme. In der Führungskultur schaltete man auf Trainerrollen und Selbststeuerung um. Das gesamte Personal erhielt eine Schulung zu Kooperations- und Kommunikationsfertigkeiten. Neben der Schulung am Arbeitsplatz stellte man auf Arbeitsplatzrotation um. Es wurde zusätzliche Unterstützung für den Fall von Familienkrisen bereitgestellt und Sensibilisierungsarbeit betrieben.

Projektbegleitend lief ständige Informierung über das Intranet und die Firmenzeitschrift.

Das Management leitete federführend einzelne Projektteile und das Projekt insgesamt. Der Konzernleiter, der Geschäftsführer, der Fabrikdirektor und der Personaldirektor waren jeweils in ihrem Bereich für das Projekt zuständig. Nach Einschätzung von Mitarbeitern und Management war das Projekt ein Erfolg.

Zusammenfassung

Die Erwerbsquote der älteren bzw. 55- bis 64-jährigen Arbeitnehmer ist in Finnland im Zeitraum 1994 bis 2007 von 41 % auf 57 % und ihr Beschäftigungsgrad entsprechend von 34 % auf 55 % angestiegen. Inwieweit ist diese Entwicklung ein Ergebnis der neuen Alterspolitik? Im Lichte zahlreicher Untersuchungen und nach gemeinsamer Auffassung der Arbeitsadministration und der Rentenversicherungsanstalten erklären folgende Faktoren diese Entwicklung:

1. eine starke und lange andauernde Hochkonjunktur von 1993 bis 2008,
2. der Kohorteneffekt der geburtenstarken Jahrgänge,
3. die oben beschriebenen Reformen des Frührentensystems,
4. die durch die Entwicklungsprogramme herbeigeführte Änderung der Einstellungen und
5. die Anebung des Ausbildungsniveaus der älteren Arbeitnehmer.

Die bis zum Anfang der 1990er Jahre verfolgte Alterspolitik sollte vor allem eine Arbeitskräftepolitik sein und den Stand der offenen Arbeitslosigkeit senken. Hierzu diente die Frühverrentung der alternden Arbeitskräfte. Ziel der neuen Alterspolitik ist es dagegen, den Beschäftigungsgrad anzuheben und die Lebensarbeitszeit zu verlängern. In der Rentenpolitik trat die Wende um den Wechsel der 1980er und 1990er Jahre ein. Ein gemeinsames Rentenkomitee von Staat, Arbeitgeber- und Arbeitnehmerverbänden setzte das Ziel, die Lebensarbeitszeiten bis 2020 um ca. drei Jahre zu verlängern. Die Beliebtheit der Frührenten hatte damals dazu geführt, dass das faktische Ruhestandsalter unter 57 Jahre fiel. Daher schlug das Rentenkomitee vor, die Erwerbslosrente abzuschaffen sowie die Altersgrenze der individuellen Frührente und das Ruhestandsalter des öffentlichen Sektors anzuheben. Die Arbeitnehmerverbände stellten sich zu diesen Vorschlägen negativ. Die Verwirklichung dieser Vorschläge wurde daher auf die Mitte der 1990er Jahre verschoben.

Das Verrentungsalter der geburtenstarken Jahrgänge (1946 bis 1949) stieg wegen ihrer besseren Gesundheit, ihrem höheren Ausbildungsniveau und ihrer starken Arbeitsbindung an. Dass diese am

Arbeitsleben orientierte Generation Anfang des Jahrtausends das 55. Lebensjahr überschritt, ist also ein wichtiger Grund für den angestiegenen Beschäftigungsgrad der älteren Arbeitnehmer. In dieser Altersgruppe ist der Anteil der Menschen, die nur eine Primarstufenbildung haben, deutlich niedriger.

Finnland hat im Hinblick auf die Beschäftigung alle Zielvorgaben des Vertrags von Lissabon umgesetzt. Das Ziel des Beschäftigungsgrades von Frauen (60 %) ist schon längst erreicht, bei älteren Arbeitnehmern wurde das Beschäftigungsgradziel von 50 % vor einigen Jahren und bei der Erwerbsbevölkerung wurde das Ziel von 70 % in 2008 erreicht. Die Unterschiede der Beschäftigungsgrade von Männern und Frauen sind in Finnland wie auch in den anderen nordischen Ländern EU-weit am niedrigsten. In der Beschäftigungslage der Geschlechter weist Finnland weltweit den höchsten Grad der Gleichstellung auf.

Die demografischen Änderungen in der Gruppe älterer bzw. 55- bis 64-jähriger Arbeitnehmer sind in Finnland im europäischen Vergleich am größten. Der Anteil eben dieser Bevölkerungsgruppe an der nichterwerbstätigen Bevölkerung ist ebenfalls groß. In der Gruppe der älteren Menschen gibt es gleichwohl außergewöhnlich viele als arbeitslos registrierte Personen. Somit besteht Anlass, sie für das Arbeitsleben zu aktivieren. In Finnland war der Rückgewinnungsgrad arbeitsloser älterer Menschen für das Arbeitsleben mit ca. 10 % geringer als im EU-Vergleich. Wenn ein Arbeitnehmer in die Erwerbsunfähigkeitsrente geht, steigt der vom Arbeitgeber zu zahlende Beitrag zur Erwerbsunfähigkeitsrente. Diese individuelle Rentenhaftung von Großunternehmen scheint einer Neuanstellung älterer Menschen entgegenzuwirken. Die Unterschiede bei der Entlohnung verschiedener Altersgruppen sind in Finnland nicht groß.

Die gemeinsame Auswirkung verschiedener Faktoren hat außerdem auch die Bedeutung der aufgeführten rentenpolitischen Entscheidungen verstärkt. Gleichzeitig waren große Sensibilisierungsprogramme zur Änderung der Einstellungen gestartet worden, u.a. das Nationale Altersprogramm. In einem Land wie Finnland mit „dreierparitätischen" Sozialpartnern war es Voraussetzung der Reformen, zunächst einen gemeinsamen Willen bzw. Konsens herbeizuführen. Die Programme und konkreten Änderungen der sozialen Sicherheit schufen im Verbund mit dem Humanressourcen-Management eine neue Atmosphäre am Arbeitsmarkt und in den Unternehmen. Die Entwicklungsprogramme und Rentenreformen wirkten komplementär aufeinander und auf ihre jeweiligen Grundlagen, Zielsetzungen und Verfahrensweisen ein und wurden somit effektiver. Gleichzeitig beeinflussten sie die Einstellungen und Auswahlentscheidungen von Arbeitgebern und -nehmern und schufen eine konsensorientierte Arbeitsmarktpraxis.

Eine große Herausforderung ist es, das Betriebsklima so zu verändern, dass ältere Arbeitnehmer und auch Rentner noch eingestellt werden können. Die finnische Strategie zum Wohlbefinden am Arbeitsplatz wirkt sich ihrerseits auf das soziale Funktionieren der Betriebe aus.

Das Humanressourcen-Management (Strategic Human Resource Management) fand in den Kommunen seit den 1980-er Jahren und in Privatfirmen später Verbreitung. Der Ansatz des Altersmanagements hat erst in diesem Jahrtausend in die Denkweise Eingang gefunden. Allerdings hat sich eine neue Sichtweise zum alternden Arbeitnehmer erst in den letzten Jahren gezeigt. Anstelle des Kostenaspekts sind die Potenziale und Fähigkeiten älterer Arbeitnehmer in den Vordergrund gerückt.

Finanzkrise und Rezession

Die alterspolitisch günstige Entwicklung kam mit der Rezession zum Stehen. Die erste Nachricht zu einer Wende in der Beschäftigung älterer Arbeitnehmer besagte folgendes:

TV-Nachrichten vom 15.02.2009: In diesem Jahr wurden bisher doppelt so viele 55- bis 64-Jährige gekündigt wie im Vorjahr. Die Kündigungsrate ist höher als am Anfang der Rezession der 1990er Jahre. Die Nachricht basierte auf Informationen des Fonds der Arbeitslosigkeitsversicherungen.

Quellenverzeichnis

Hannu Piekkola; Nordic policies on active ageing in the labour market and some European comparisons. Unesco 2008

Työpolitiikan tutkimsuohjelma vuosille 2008 - 2011. Työpoliittinen tutkimus työ- ja elinkeinopolitiikan tukena. Työpoliittinen tutkimus 2007 (337). Työministeriö

Kelan tilastollinen vuosikirja 2005. Sosiaaliturva 2006. Kela

Vajaakuntoiset työelämässä,; Helena Rytkönen, Juhani Juntunen, Hanna Kaipainen, Veijo Notkola.

Eteren tutkimuksia 1/2003

Jouko Lind, Tuula Aaltonen, Jukka-Pekka Halonen ja Timo Klaukka; Kelan kuntotuksen vuonna 2002 päättäneet. Kuntoutujien rekisteriseuranta vuosina 2002-2004. Sosiaali- ja terveysturvan katsauksia 74/2007

Työvoima 2025. Työpoliittinen tutkimus 325/2007. Työministeriö

Eeva-Leena Vaahtio; Rekrytointi, ikä ja ageismi. Työministeriö 244/2002

Ari Peltoniemi; Työllisten työkyky vuonna 2004 . Pellervon taloudellisen tutkimuslaitoksen raportteja n:o 193. Työpoliittinen tutkimus 273/2005

Jarkko Tonttila, Petri Virtanen, Irmeli Lamberg, Jyrki Kontio; Osaamisen kehittäminen työllisyyden edistäjänä. Tutkimus tietotekniikan palvelu- ja ohjelmistotuotannon toimialalta. Työpoliittinen tutkimus 264/2005.

Heikki Uhmavaara, Jukka Niemelä, Harri melin, Tero Mamia, Anita Malo, jaakko Koivumäki, Raimo Blom; Joustaako työ? Joustavien työjärjestelyjen mahdollisuus ja todellisuus. Työpoliittinen tutkimus 277/2005.

Matti Jokelainen; Eläkeläisten osuus 55-64-vuotiaasta väestöstä kymmenessä OECD-maassa vuonna 1989. Kansaneläkelaitoksen julkaisuja T9:42 1991.

Ikääntyvien työssäkäynti, työttömyys ja varhainen eläkkeelle siirtymien 1987-1996. Sosiaali- terveysministeriö julkaisuja 1999:7

Työhyvinvoinnin kehittäminen metallialalla 2002-2004. Kolmen kehittämismenetelmän vertailu;

Tuula Vauhkonen, Jari Rajala, jorma Mäkitalo, Hannu Anttonen. Tykes raportteja 49/2006

Seija Ilmakunnas ja Juha Rantala; Oikeat asenteet vai onnistunut politiikka ikääntyneiden paremman työllisyyden taustalla? Työpoliittinen aikakausikirja 2/2005

Stellungnahme des Ausschusses der Regionen zu der Mitteilung der Kommission an den Rat, das Europäische Parlament, den Europäischen Wirtschafts- und Sozialausschuss und den Ausschuss der Regionen „Anhebung der Beschäftigungsquote älterer Arbeitskräfte und des Erwerbsaustrittsalters" (2005/C 43/03)

Nuorten ja ikääntyneiden työllisyys Euroopassa; Matti Sihto. Työpoliittinen aikakausikirja 1/2008

Ikääntymisraportti; Kokonaisarvio ikääntymisen seurauksista ja varautumisen riittävyydestä.

Valtioneuvoston kanslian julkaisusarja 1/2009

Juha Rantala; Varhainen eläkkeelle siirtyminen. Eläketurvakeskuksen tutkimuksia 2008:1

Vapaan sivistystyön kehittämisohjelma 2009 - 2012. Opetusministeriön asettaman valmistelutyöryhmän loppuraportti/luonnos 10.2.2009

Pekka Ylöstalo;Keskustelua suomalaisen työelämän luonteesta ja sen muuttumisesta. Eläketurvakeskusken keksustelualoitteita 2007:4

Janne Pelkonen; Vanhimpien palkansaajien työssä jatkaminen työeläkeuudistuksen jälkeisissä valintatilanteessa. Eläketurvakeskuksen raportteja 2005:1

Ikästereotypiat metalliteollisuuden ja vähittäiskaupan työyhteisöissä; Seppo Karisalmi, Jorma Seitsamo, Eläketurvakeskuksen monisteita 44:2003

Kansalliset kehitysohjelmat, työhvyinvointi ja ikääntyvien työssä pysyminen; Simo Forss. Eläketurvakeskuksen monisteita 52:2004

Eila Tuominen and Mervi Takala; Ageing workforce and employers.Attitudes to employment of older persons. The case of Finland. Finnish centre for pension. Working papers 2006:5

Tuottavaa työtä kaiken ikää -näkökulmia HKR-Tekniikan ikäohjelmasta.Juha Nurmela (toim)

HELSINKI 2007raportteja 51

Työkyvyn ulottuvuudet; Terveys 2000 tutkimuksen tuloksia. Raija Gould, Juhani Ilmarinen, Jorma Järvisalo ja Seppo Koskinen; Helsnki 2006

Simo Forss, Seppo Karisalmi ja Pirjo Tuuli; Työyhteisö, jaksaminen ja eläkeajatukset. Työssäpysymisprojektin loppuraportti 2000.

Työpolittinen tutkimusohjelma vuosille 2008-2011. Työpoliittinen tutkimus työ- ja elinkeinopolitiikan päätöksenteon tukena. Työpoliittinen tutkimus 2007. Työministeriö 2007

Matti Sihto, Ikääntyneiden työllisyys uhkaa taas kääntyä laskuun.Vieraskynä Helsingin Sanomat 7.2. 2009, artikkeli

Anna-Maija Lehto ja Hanna Sutela; Eläkeikää nostetaan harhaanjohtavin perustein.Vieraskynä Helsingin Sanomat 6.3. 2009, artikkeli

Nousiainen Ilkka; Yritykset tarvitsevat oman ikäjohtamisen ohjelman// Johtoporras 2003:3, artikkeli

Juhani Ilmarinen; Towards a longer Worklife! Ageing and quality of worklife in the Eyropean Union. 2005 Finnish Institute of Occupational Health.

Auli Toom, Jussi Onnismaa; Hiljainen tieto,tietämistä, toimimista, taitavuutta. Aikuiskasvatuksen 47. vuosikirja 2008

Juhani Ilmarinen, Satu Lähteenmäki, Pekka Huuhtanen; Kyvyistä kiinni. Ikäjohtaminen yritysstrategiana. Talentum Helsinki 2004

Frank Lorenz/ Gunther Schneider(Hrsg.); Altersgerechtes Arbeiten. Der demografische Wandel in den Belegschaften. VSA-Verlag 2008 Hamburg

Työpoliittinen Aikakausikirja 3/2008. Työja elinkeinoministeriö Helsinki

Työterveyslaitos; Ikäjohtamsita kehittämään. Työkirja 2003

Kaija Tuomi- Sinikka Vanhala (toim); Yrityksen toiminta, menestyminen ja henkilöstön hyvinvointi. Seurantatutkimus Metalliteollisuudessa ja Vähittäiskaupan alalla. Helsingin kauppakorkeakoulu 2002

Pauli Juuti; Ikäjohtamien. Ikäohjelma 1998-2002 hyvä ikä. JTO-tutkimuksia 13

Anne Vähänen, Leena Paasivaara ja Juhani Nikkilä; Ikäjohtaminen hoitotyössä. Artikkeli Hallinnon tutkimus 1/2005

Employment and labour market policies for ageing work force and initiatives at the work place.

National overview report: Finland. European foundation for the improvement of living and working conditions. Anne Punakallio 2007.

Employment and labour market policies for an ageing workforce and initiatives at the workplace. National overview report: Germany. Frerichs Fredich, Sporket Mirko 2007.European foundation for the improvement of living and working conditions.

Gerhard Naegele, Katrin Krämer;Recent developments in the employment and retirement of older workers in Germany. Journal of ageing & social policy, Vol 13(1)2001.

Robert Arnkil, Merja Hietikko, Kati Mattila, Jarmo Nieminen, Pekka Rissanen, Timo Spanger; Kansallisen ikäohjelman arviointi. Sosiaali- ja terveysministeriön selvityksiä 2002.2 Helsinki

Englischsprachige Websites

www.etk.fi; Rentenforschung

www.ttl.fi; Wohlfart und Gesundheit in der Arbeitsleben

www.localfinland.f; Kommunen in Finnland

www.minedu.fi; Bildunginformation

www.ttk.fi; Zusammenarbeit in Arbeitsschutz

www.stm.fi; Wohlergehen und Gleichwertigkeit im Arbeitsleben

www.efa.org.uk

www.eurofound.eu.int

www.noste-ohjema.fi

www.kaikuohjelma.fi

Deutschsprachige Websites

www.demowerkzeuge.de

www.demotrans.de

Diagramme zur Bevölkerungsentwicklung 1990 bis 2050

Quelle: US Census Bureau July 17, 2003

Abbildung 18: **Finnland Bevölkerungspyramide für das Jahr 1990**
Alter und Geschlecht Verteilung für das Jahr 1990

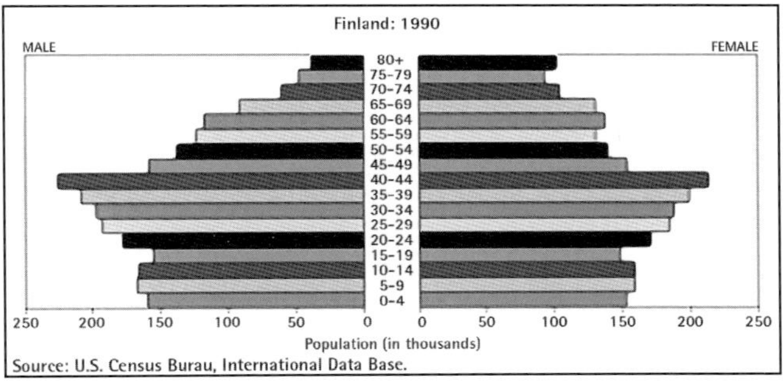

Abbildung 19: **Finnland Bevölkerungspyramide für das Jahr 1995**
Alter und Geschlecht Verteilung für das Jahr 1995

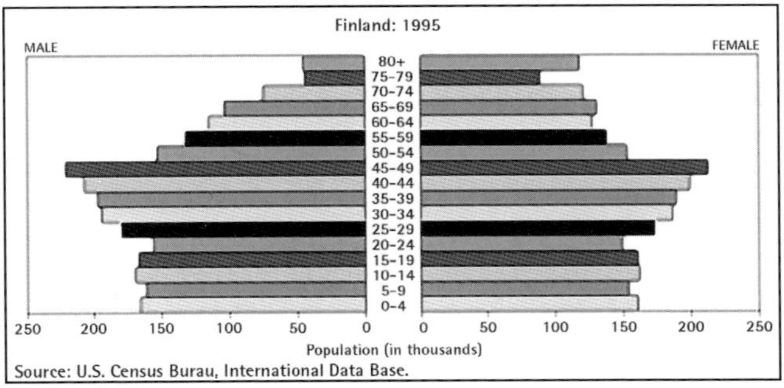

Abbildung 20: **Finnland Bevölkerungspyramide für das Jahr 2000**
Alter und Geschlecht Verteilung für das Jahr 2000

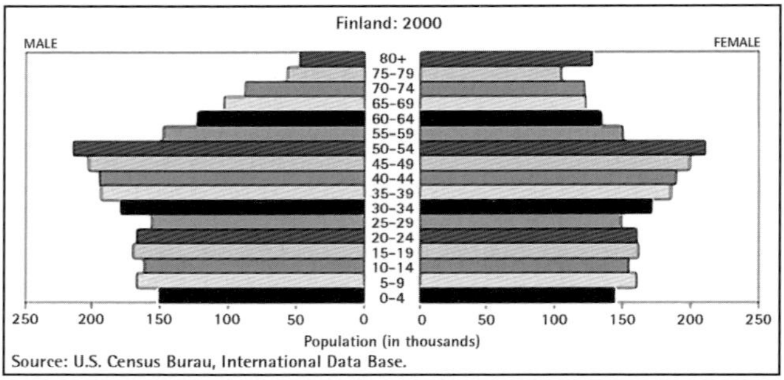

Abbildung 21: **Finnland Bevölkerungspyramide für das Jahr 2003**
Alter und Geschlecht Verteilung für das Jahr 2003

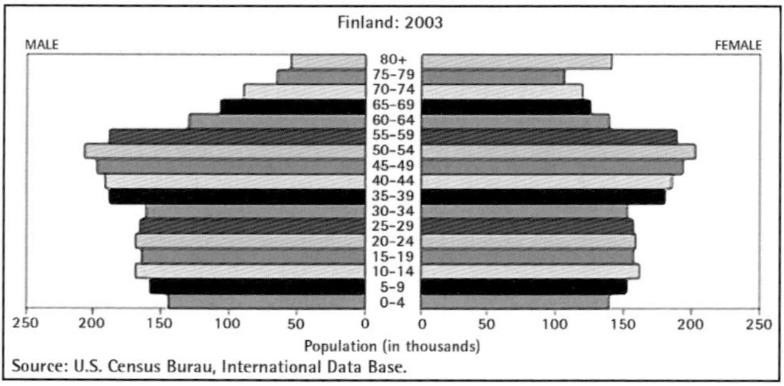

Abbildung 22: **Finnland Bevölkerungspyramide für das Jahr 2005**
Alter und Geschlecht Verteilung für das Jahr 2005

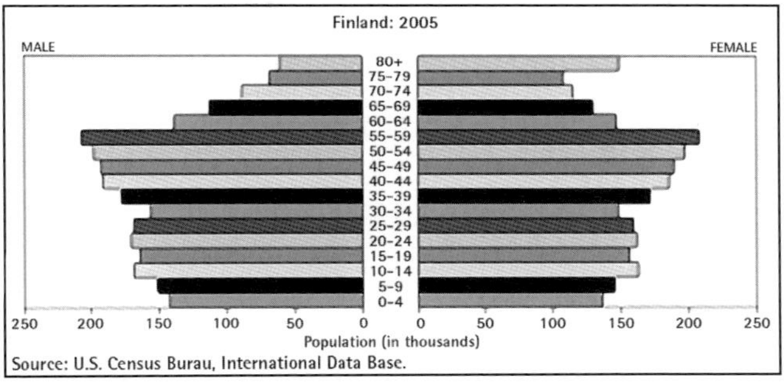

Abbildung 23: **Finnland Bevölkerungspyramide für das Jahr 2010**
Alter und Geschlecht Verteilung für das Jahr 2010

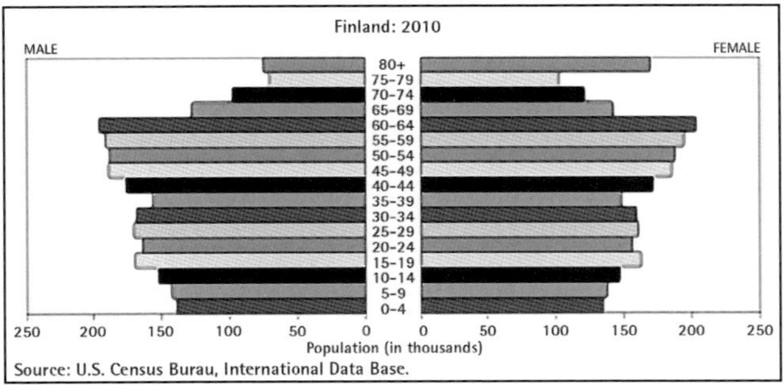

Abbildung 24: **Finnland Bevölkerungspyramide für das Jahr 2020**
Alter und Geschlecht Verteilung für das Jahr 2020

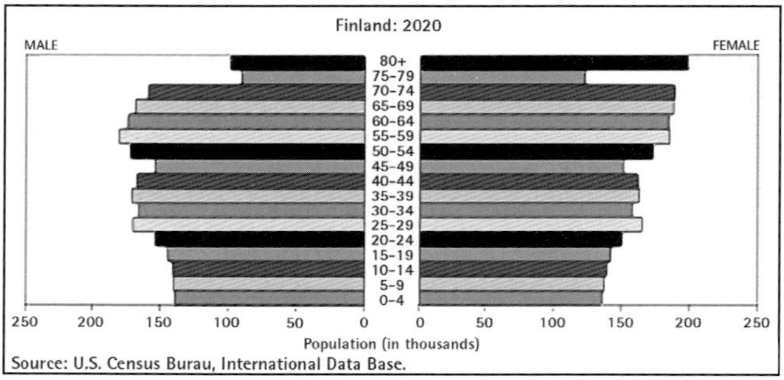

Abbildung 25: **Finnland Bevölkerungspyramide für 2050**
Alter und Geschlecht Verteilung für das Jahr 2050

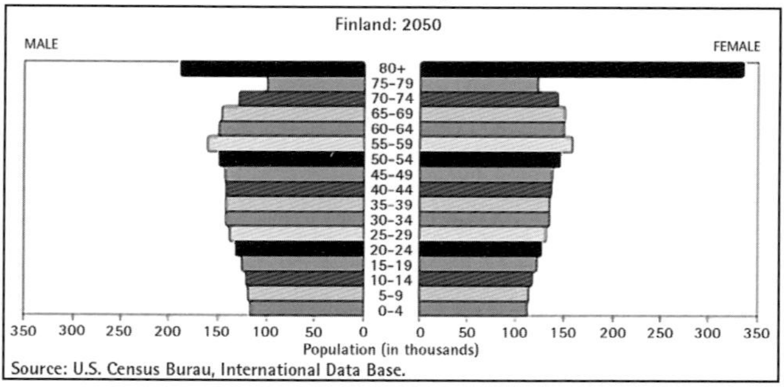

Länderbericht Polen

Verantwortlich:

Jaroslaw Lange, Vors. Solidarnosc Wielkopolska

Autoren:

Jan Motoxski

Przemyslaw Rzepecki

Einleitung

In dem Bericht werden polnische Stellungnahmen, Praxen, Studien und Forschungen zum Phänomen älter werdender Belegschaften dargestellt. Der Bericht ist Teil eines deutschen Entwicklungsvorhabens mit dem Titel *Älter werdende Belegschaften – alternsgerechtes Arbeiten und Lernen in Hessen.*

Hierzu wurde umfangreiches Material zu den Themenbereichen Alterspolitik, Beschäftigung, Rentenpolitik und Wohlbefinden am Arbeitsplatz erfasst. Ziel war es, den seit einigen Jahrzehnten zu beobachtenden Anstieg des Beschäftigungsgrades der älteren Jahrgänge in Polen zu erklären sowie die Entwicklung im Arbeitsleben,die im Zuge des alterspolitischen Programms angelaufen ist, zu untersuchen.

Altersstruktur und -entwicklung der Bevölkerung

Polen hat eine Einwohnerzahl von etwas mehr als 38 Millionen Menschen, dies geht aus einer Schätzung des Jahres 2008 hervor. Obwohl im ersten Halbjahr 2009 die Bevölkerungszahl leicht anstieg, sinkt sie grundsätzlich seit 1999. Polens Bevölkerung wird bis zum Jahr 2050 ein Rückgang auf ca. 33 Millionen prognostiziert, bis zum Jahr 2060 sogar auf 31 Millionen. Dies liegt in der anhaltenden Migration und den geburtenschwachen Jahrgängen seit Anfang der 1990er Jahre begründet. Einerseits hatten diese Trends mit der Reduzierung der familienfreundlichen Politik nach der wirtschaftlichen Rezession zu Beginn der 1990er Jahre zu tun.

Andererseits verlängerten sich seitdem auch die Ausbildungszeiten der weiblichen Bevölkerung und erhöhten deren Bildungsabschlüsse. Die fallende Tendenz wurde auch durch den seit zwei Jahren notierten Geburtenüberschuss nicht geändert.

2008 lebten 61,1 % der Bevölkerung (23,3 Mio.) in urbanen Gebieten, in Dörfern dagegen 14,8 Millionen Menschen. Entgegen dem Trend der meisten europäischen Länder stagnierten die Werte der Lebenserwartung in Polen von Mitte der 1960er bis Anfang der 1990er Jahre. Heute ist die Tendenz steigend (gemeinsam mit einer sinkenden Säuglingssterblichkeit). Im Jahre 2008 betrug die durchschnittliche Lebenserwartung polnischer Frauen 79,6 Jahre und war damit ca. 5 Jahre länger als 1980. Die Lebenserwartung der Männer verlängerte sich im gleichen Zeitabschnitt auch um etwa 5 Jahre auf 71,4 Jahre.

Im europäischen Vergleich liegt die durchschnittliche Lebenserwartung der Polen trotz des positiven Trends auf einem der hinteren Plätze.

Die Verteilung der Bevölkerung nach Alter und Geschlecht stellt die Tabelle 3 dar.

Für die erwerbsfähige Bevölkerung wurde bis 2010 noch eine Zunahme vorhergesagt, danach allerdings eine schnelle Reduktion um bis zu 39 % im Jahr 2050.

Tabelle 3: **Bevölkerung nach Alter und Geschlecht**

Altersgruppe	Männer und Frauen insgesamt	Männer	Frauen
ingesamt	38.115.641	18.411.501	19.704.140
-14	5.900.878	3.025.708	2.875.170
15 – 24	5.907.734	3.010.382	2.897.352
25 – 49	13.710.254	6.901.072	6.809.182
50 – 64	7.465.399	3.538.042	3.927.357
65 – 79	3.991.137	1.601.708	2.389.429
80 – 84	727.288	224.505	502.783

Quelle: Eurostat (2008)

Abbildung 26: **Altersaubau der Bevölkerung in Polen**

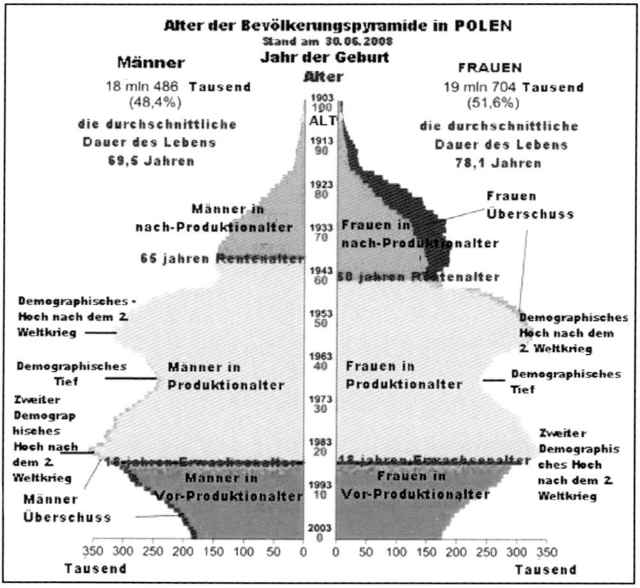

Quelle: ?

Veränderungen in der Beschäftigungsstruktur

Die Berufsstruktur der Bevölkerung bezeichnet den Anteil der einzelnen Berufsgruppen der erwerbstätigen Bevölkerung. Es werden nicht nur die Berufstätigen sondern auch Menschen berücksichtigt, die im gemeinsamen Haushalt leben.

Im I. Quartal 2009 zählte die Gesamtheit der Berufstätigen insgesamt 17,1 Mio. (davon 15,7 Mio. Berufstätige und 1,4 Mio. Arbeitslose) und der beruflich nicht aktiven Menschen 14,3 Mio.

Im Vergleich zum I. Quartal 2008 stieg die Zahl der Berufstätigen um 252 Tsd., (d. h. um 1,5 %), die Population der Nicht-Berufstätigen sank um 273 Tsd. Menschen, d. h. um 1,9 %. Innerhalb der Gruppe der Berufstätigen stieg sowohl die Zahl der Berufsaktiven um 199 Tsd., d. h. um 1,3 %, als auch die der Arbeitslosen um 53 Tsd., d. h. um 3,9 %.

Im I. Quartal 2009 beobachtete man auch den Anstieg der Anzahl der Berufstätigen im Vergleich zur analogen Zeitperiode des Vorjahres, doch einen Rückgang im Vergleich zum vergangenen Quartal.

Im untersuchten Quartal waren 15,714 Mio. Menschen berufstätig (199 Tsd., d. h. 1,3 % mehr).

Der Anteil der Berufstätigen in den Städten betrug 61,9 % (Steigerung um 74 Tsd. , d. h. um 0,8 %).

Die Zahl der berufstätigen Menschen, die in ländlichen Gebieten wohnen, betrug 5,993 Mio. (125 Tsd., d.h. 2,1% mehr als im Vorjahr).

Im I. Quartal 2009 bildeten die Berufstätigen 50,0 % der Gesamtbevölkerung im Alter von 15 Jahren und älter. Im Vergleich zum IV. Quartal 2008 ist die Zahl der Berufstätigen gesunken (um 291 Tsd., d. h. 1,8 %).

Dieser Rückgang erfolgte sowohl in der Männer- als auch in der Frauenpopulation (entsprechend 2,0% und 1,6%).

Die Zahl der Berufstätigen in den Städten und in den ländlichen Gebieten ist zurückgegangen (um 173 Tsd., d. h. um 1,7 %, bzw. um 118 Tsd., d. h. 1,9 %).

Berufstätige nach den Berufsmerkmalen:

Im I. Quartal 2009 arbeiteten 12,119 Mio. als Lohnarbeiter, d. h. 77,1 % der Gesamtheit der Berufstätigen (davon 64,6 % im Privatsektor). Im Vergleich zu dem gleichen Zeitraum des Vorjahres war es um 177 Tsd., d. h. 1,5 % mehr.

Der Anteil der Selbstständigen ist von 2,994 Mio. um 21 Tsd., d. h. um 3,3 % gestiegen. Der Anteil der Scheinselbständigen blieb auf vergleichbarem Niveau.

6,01 Mio. (3,8 % der Gesamtheit der Berufstätigen) arbeiteten im besprochenen Quartal als helfende Familienmitglieder, die Mehrheit von ihnen in ländlichen Gebieten (529 Tsd., d.h. 88,0 %). Im Vergleich zum I. Quartal 2008 hat sich diese Zahl geringfügig verringert.

Im I. Quartal 2009 waren 3,111Mio. mit zeitlich befristeten Arbeitsverträgen beschäftigt, d. h. 25,7 % der Gesamtheit der Lohnarbeiter.

Im Dienstleistungssektor arbeiteten 2009 8,716 Mio Menschen, was 55,5 % aller Beschäftigten ausmachte. Die Berufstätigen im Industriesektor (4,915 Mio.) stellten 31,3 % und die im Landwirtschaftssektor entsprechend (2,080 Mio.) 13,2 % der Gesamtheit der Berufstätigen dar.

Demografische Entwicklung

Stand, Struktur und Dynamik der Bevölkerung Polens nach den Prognosen der Organisation der Vereinten Nationen für den Zeitraum 2005 – 2050.

In den letzten Jahren wurden in Polen starke Veränderungen in demografischen Prozessen beobachtet, die einen Einfluss auf die Struktur und Dynamik Polens ausüben. Diese Veränderungen beschleunigten sich in den Jahren der Systemtransformation in unserem Land. Daher rührt auch die Notwendigkeit der Bearbeitung der aktuellen Bevölkerungsprognosen.

Ziel der vorliegenden Arbeit ist es, die demografischen Perspektiven Polens darzustellen, die sich aus den Trends ergeben, die vom Departement für Bevölkerungsforschung der Organisation der Vereinten Nationen bis 2050 vorhergesagt werden. Die vorliegende Darstellung wurde auf dieser Grundlage erarbeitet.

Laut den Vorhersagen des Departements für Bevölkerungsforschungen der Organisation der Vereinten Nationen wird die Bevölkerungszahl Polens in den Jahren 2005 bis 2050 sinken.

Der vorausgesetzte Rückgang ist jedoch differenziert und von der Variante abhängig. Nach dem optimistischsten Szenario, das den Anstieg der Geburtenrate voraussieht, sinkt die Bevölkerungszahl unseres Landes lediglich auf 36,63 Mio.

Entsprechend dem pessimistischen Szenario, das die weitere Abnahme der Geburtenrate in unserem Land erwartet, erreicht die Bevölkerungszahl das Niveau von 29,64 Mio. Menschen. Diese Variante der Prognose der OVN (Organisation der Vereinten Nationen) steht der Berechnung des Hauptamtes für Statistik am nächsten und bildet deshalb die Grundlage für die weiteren Erwägungen.

Die prognostizierten Trends in Bezug auf das Geschlecht spiegeln die in der Gesamtbevölkerungszahl ähnlichen Tendenzen wieder. Die Prognosen der OVN sehen in allen berechneten Varianten den Rückgang sowohl der Frauen- als auch der Männerpopulation voraus. Dabei übersteigt die Zahl der Frauen in den Jahren 2005 – 2050 in jeder Variante der Prognose die Zahl der Männer[1]. Das heißt, dass sich der Rückgang in der Anzahl der Frauen in allen Varianten der Prognose weniger dynamisch zeigt als der Rückgang in der Anzahl der Männer.

- Einer der mitgestaltenden Faktoren auf dem Arbeitsmarkt ist die demografische Entwicklung
- Der große Anteil von jungen Menschen im berufsfähigem Alter wird zu einer erhöhten Nachfrage nach Beschäftigung führen.
- Dagegen lassen die zahlreichen Jahrgänge im nicht mobilen Alter einen Rückgang erwarten. Bedingt durch das Vorkommen von geburtenstarken und geburtenschwachen Jahrgängen können die demografischen Veränderungen vorläufig einen positiven oder einen negativen Einfluss auf die Beschäftigung ausüben.

1 Quelle: World Population Prospect, The 2002 Revision, Department of Economics and Social Affairs

- Es gibt zur Zeit zwei geburtenstarke Jahrgänge im Produktionsalter: Menschen, die im Nachkgriegsjahrzehnt (besonders in der ersten Hälfte der 50er Jahre) geboren wurden und Menschen, die um die Wende der 70er und 80er Jahre geboren wurden. Gleichzeitig zählen die in der Mitte der 60er Jahre Geborenen, die gegenwärtig im Alter der höchsten Berufsaktivität sind, um über 200 Tsd. weniger als jüngere Jahrgänge aus dem Geburtenüberschuss.

Im Ergebnis wirken auf den polnischen Arbeitsmarkt zwei wichtige Erscheinungen ein:

- Zum einen treten die Menschen aus dem älteren, geburtenstarken Jahrgang, die das 50. Lebensjahr überschreiten, in die Gruppe mit dem erhöhten Risiko des Verlustes ihrer Beschäftigung zugunsten der Passivität oder Arbeitslosigkeit ein.
- Zum anderen treten schon seit einigen Jahren Menschen aus dem jüngeren, geburtenstarken Jahrgang in Beschäftigung ein. Nach Angaben des Hauptamtes für Statistik gab es 2005 fast 24,4 Mio. Menschen im Produktionsalter (d.h. Frauen im Alter von 18-60 Jahren, Männer im Alter von 18-64 Jahren), das ist über 615 Tsd. (2,5%) mehr als 2002.
- Von 2006 bis 2009 ist diese Zahl allmählich gestiegen. Nach dieser Zeit wird bis 2030 ein Rückgang der Menschen im Produktionsalter (18-60/64 Jahre) prognostiziert, was bedeutet, dass der Andrang auf den Arbeitsmarkt nachlässt und zur Stagnation und in Folge zur Abnahme der Arbeitslosigkeit beiträgt. Im Zeitraum 2006 - 2014 wird dennoch die Zahl der Menschen im Produktionsalter am höchsten sein; 2009 erreichte sie das Maximum von beinahe 24,7 Mio. Menschen.
- Danach wird die Zahl der Menschen im Produktionsalter sinken und erreicht 2030 voraussichtlich das Niveau von 21 Mio. Menschen, d.h. 15 % niedriger als 2005.
- Die Zahl der Menschen im mobilen Alter (18 – 44 Jahre) bleibt bis 2015 auf einem relativ konstanten Niveau. Nach 2015 wird

sie allmählich sinken und 2030 werden ca. 11 Mio. Menschen im mobilen Alter sein, d. h. 4 Mio. weniger (27 %) im Vergleich zu 2005. Im Zeitraum 2002 – 2019 verändert sich wesentlich die Zahl der Menschen im nicht mobilen Alter (Frauen 45 – 50 Jahre und Männer 45 – 64 Jahre). Nach dem anfänglichen Anstieg der Zahl der Personen in dieser Altersgruppe bis 2009 erfolgt dann ein Rückgang, der bis in die Hälfte der 20er Jahre des 21. Jahrhunderts prognostiziert wird.

Ab 2021 wird die Zahl der Menschen im nicht mobilen Alter stark steigen. Demzufolge wird es 2030 ca. 9,7 Mio. Menschen im nicht mobilen Alter geben, d.h. um 542 Tsd. (5,9 %) mehr als 2005.

Der Anstieg der Bevölkerungszahl im nicht mobilen Alter verursacht ein ernsthaftes Problem aus der Sicht des Arbeitsmarkts, da der Anteil der Personen steigt, die weniger bereit sind, den Wohnort und den Arbeitsplatz zu wechseln.

Zusammenfassung

- Die Zahl der Menschen im Produktionsalter wird laut den Prognosen des Hauptamtes für Statistik steigen. Es ist zu betonen, dass bisher die Zahl der berufsaktiven Menschen praktisch unverändert blieb, obwohl die Zahl der Menschen im Produktionsalter innerhalb der letzten zehn Jahren um ca. 2 Mio. gestiegen ist. Dies ergibt sich vor allem aus der wesentlichen Abnahme der Aktivität der älteren Menschen (früherer Rückzug aus der Berufstätigkeit als Reaktion auf die schwierige Arbeitmarktsituation), sowie aus dem Anstieg der Scholarisierung unter den jungen Menschen (was späteren Eintritt in den Arbeitsmarkt bedeutet). Sofern der Anstieg der Scholarisierung eine positive Erscheinung ist, stellt die niedrige Berufsaktivität der älteren Menschen angesichts der Alterung der Gesellschaft eine beunruhigende Erscheinung dar. Schon jetzt erreichen die geburtenstarken Jahrgänge aus der 2. Hälfte des 20. Jhs. das Alter des erhöhten Risikos der Deaktivierung, wodurch das Problem des Rückgangs der Berufsaktivität in der Population im Produktionsalter schnell anwachsen wird, sofern keine Maßnahmen vorgenommen werden, die die Aktivität der älteren Menschen fördern. Dies bedeutet, dass von 2006 bis 2019 die Steigerung der Beschäftigung der Menschen im Alter von über 45 Jahren für die Politik Priorität haben soll und die derzeit eingeleiteten Maßnahmen, wie zum Beispiel das „Programm 50+" erweitert und fortgesetzt werden müssten.

- Einer guten Ausarbeitung bedarf auch die Politik des Altersmanagements. Dies verlangt koordinierte Handlungen auf der Ebene der Arbeitnehmer, der Unternehmen und des Staates. Um die Ressourcen der Arbeitskräfte besser zu nutzen, ist auf die vorhandenen Nichtanpassungen auf dem Arbeitsmarkt – sowohl räumlich als auch beruflich – hinzuweisen und ihre Einschränkung anzustreben. Im ersten Fall bedeutet dies die Steigerung der Mobilität der Bevölkerung nicht nur als Binnenmigration, sondern auch zum Beispiel die Steigerung der Zahl der Menschen, die Arbeit aufnehmen. Voraussetzung hierfür ist die Verbesserung der Verkehrsinfrastruktur.
- Im zweiten Fall ist es die Notwendigkeit der Überwachung der Nachfrage nach der Arbeit. Die Basis dieser Handlungen können aufgestellte Prognosen dieser Nachfrage bilden. Die Institutionen des Arbeitsmarktes sollen sich nach der 2004 eingeleiteten Reform an den Veränderungen auf dem Arbeitsmarkt orientieren, sowohl an der Nachfrage- als auch an der Angebotsseite, und ihre Handlungen entsprechend anpassen.
- Fortschreitender Prozess des Anteilsanstiegs der älteren Menschen (im Postproduktionsalter) in der gesamten Population wird schon seit den 60er Jahren beobachtet. In 24 Ländern der OECD ist diese Rate in den Jahren 1960 – 2005 durchschnittlich um 6,1 Prozentpunkte gestiegen, von 9,3 % im Jahre 1960 auf 15,4 % im Jahre 2005. In Polen stieg der Anteil der Rentner um 7,5 Prozentpunkte.

Faktoren, die das Berufsleben fördern

Hier sind einige Faktoren, die die Beschäftigung der älteren Arbeitnehmer positiv beeinflussen: Individuelle Entscheidungen über die Beendigung der Berufsaktivität, Förderung der progesundheitlichen Verhaltensweisen, Gleichbehandlung der Geschlechter, rechtliche Regelungen im Bereich der Beschäftigungsförderung, Aktivierung der Arbeitslosen und kontinuierliche Weiterbildung. In der Mehrheit der polnischen Unternehmen gibt es zur Zeit diese Strategien des Personalmanagements. Es ist wichtig, dass die älteren Arbeitnehmer in diesen Strategien nicht als gesonderte Gruppe der Beschäftigten klassifiziert werden. Sie sollen mit den sonstigen Arbeitnehmern gleich behandelt werden.

Die individuellen Entscheidungen über die Beendigung der Berufsaktivität hängen in großem Maße von der subjektiv wahrgenommen Arbeitsunfähigkeit ab. In den Jahren 2001 - 2004 wurden im Rahmen eines durch das Zentrale Institut für Arbeitsschutz koordinierten Projekts die Untersuchungen durchgeführt, deren Ziel die Feststellung des Niveaus der die Arbeitsfähigkeit von älteren Personen determinierenden Faktoren war. Die Arbeitsfähigkeit wurde mit dem Arbeitsfähigkeitsindex (WAI - Work Ability Index) gemessen, der von den finnischen Forschern aus FIOH bearbeitet wurde.

Ihr Kern war die Ermittlung des Niveaus und der Struktur der Arbeitsfähigkeit bei Personen, die verschiedene Berufe ausübten und unterschiedlichen, aus der Art der ausgeübten Arbeit, ihrer Organisation und ihren Bedingungen resultierenden Belastungen unterlagen. Die Untersuchungen wurden in der Gruppe von ca. 1200 Arbeitnehmern im Alter von 18 bis 65 Jahren durchgeführt, die an unterschiedlichen Stellen beschäftigt waren, Arbeit mit unterschiedlichem Charakter und Schwierigkeitsgrad, sowie unter Einfluss von verschiedenartigen belastenden und schädlichen Faktoren ausgeführt haben.

Besonders ungünstige Veränderungen in Richtung der Arbeitsunfähigkeit im zunehmenden Alter wurde unter den Arbeitnehmern festgestellt, die an den Stellen beschäftigt waren, wo folgende Faktoren aufgetreten sind: Schichtarbeit, darunter Nachtschicht,

Überstunden, Mineralstaub, lokale Vibrationen, Wärme und Lärm, Arbeit mit dominierender physischer Belastung, chemische Faktoren, großer Berufstress, Zusatzarbeit an anderer Arbeitsstelle, ungleiches Arbeitstempo. Diese Faktoren sollen aus den Arbeitstellen, an denen ältere Arbeitnehmer beschäftigt sind, eliminiert werden, was zur Erhaltung der Arbeitsfähigkeit im Alter beitragen soll.

Die Förderung der Gesundheit und der progesundheitlichen Verhaltensweisen ist Grundlage für eine bewusste Einflussnahme auf den Erhalt der Gesundheit und Arbeitsfähigkeit im späteren Alter. Ebenso wichtig ist die Förderung der Arbeitsfähigkeit schon unter den jungen Menschen als eines der wichtigsten Werte, der gesunde, aktive und sich auf vielen Ebenen des Soziallebens engangierende Menschen kennzeichnet. Aus den durchgeführten Analysen geht hervor, dass die Arbeitnehmer im Alter 45 – 55 Jahre keine Differenzen im Bereich des Gesundheitverhaltens im Vergleich zu der Gruppe der Arbeitnehmer im Alter 25 – 35 Jahre aufweisen. Es gibt also keine Grundlagen dafür, den Personen im höheren Alter die Organisation der spezifischen progesundheitlichen Programme zu empfehlen. Die Analyse ihres Denkens an Gesundheit im Hinblick auf die Berufsarbeit zeigte, dass die Untersuchten zwar sich bemüht haben, ihre Gesundheit zu pflegen um länger und leistungsfähiger arbeiten zu können, assoziierten dies aber hauptsächlich mit dem Verhalten außerhalb der Arbeitsstelle, im täglichen Leben. 60% der Untersuchten waren der Meinung, dass dort, wo sie eingestellt sind, für die Gesundheit der Belegschaft nicht gesorgt wird oder nur die Einhaltung der Arbeitschutzvorschriften beachtet wird, der Rest wird als Privatsache der Arbeitnehmer behandelt. Es wurde auch beobachtet, dass neun von zehn Untersuchten möchten, dass die Firma, in der sie angestellt sind, sich für die Gesundheit der Arbeitnehmer engagiert, indem sie Handlungen vornimmt, die über rechtliche Verpflichtungen hinausgehen. Man kann also von einer allgemeinen Erwartung sprechen, dass die Betriebe zur Gesundheitsförderung beitragen sollen.

Ein weiterer Faktor der Förderung des Berufslebens der Arbeitnehmer im Alter über 50 Jahre ist das Gesetz vom 01. Februar 2009 über die Beschäftigungsförderung und die Arbeitsmarktinstitutionen. Die wichtigsten Änderungen, die durch dieses Gesetz eingeführt wurden, sind:

- Der Arbeitgeber, der eine Person nach dem 50. Lebensjahr einstellt, zahlt lediglich für 14 Krankheitstage des Arbeitnehmers und nicht wie bisher für 33 Tage, wenn die durch Krankheit bedingte Abwesenheit nach einem Jahr nach der Beendigung des 50. Lebensjahres durch den Arbeitnehmer entstand. Ab dem 15. Tag der Krankschreibung wird das Krankengeld vom ZUS (Sozialversicherungsanstalt) übernommen.
- Die Arbeitgeber, die Personen über das 50. Lebensjahr beschäftigen, die im Zeitraum von 30 Tagen vor der Beschäftigung im Arbeitslosenregister des Kreisarbeitsamts verzeichnet waren, bezahlen 12 Monate lang keine Beiträge an den Arbeitsfonds und Fonds für garantierte Arbeitnehmerleistungen, beginnend mit dem ersten Monat nach dem Arbeitsvertragsabschluss mit dieser Person. Diese Kosten werden auch von den Arbeitgebern nicht getragen, die Personen beschäftigen, die das 55. Lebensjahr (bei Frauen) und das 60. Lebensjahr (bei Männern) beendet haben.

Um die Finanzmittel und Koordinierung der Tätigkeiten im Bereich der Aktivierung der Arbeitslosen zu sichern, hat der Ministerrat die Verordnung über Verteilung der Arbeitsfondsmittel erlassen.

In der ergänzten Verordnung wurde angenommen, dass die Wojewodschaftsselbstverwaltungen 50 % der Arbeitsfondsmittel statt der bisherigen 30 % bekommen. Das Ministerium für Arbeit und Sozialpolitik ging davon aus, dass die Einleitung der Programme der Arbeitslosenaktivierung in der sich stets verändernden Situation auf dem Arbeitsmarkt in größerem Maße als bisher der lokalen und regionalen Zusammenarbeit bedarf.

Gemäß dem neuen Verteiler der Finanzunterstützung werden die Regionen mit der höchsten Arbeitslosenzahl bevorzugt, in denen die Zahl der abgemeldeten Arbeitslosen höher ist als die Zahl der neu angemeldeten. Größere Unterstützung für die Finanzierung der Aufgaben erhalten auch diese Wojewodschaften, in denen ein großer Teil der Arbeitslosen über 50 und unter 25 Jahre als ist.

Neue Vorschriften sehen vor, dass der Arbeitsminister auf Antrag des Landrats oder des Stadtpräsidenten die Mittel aus den Reserven zuerkennen kann, die für die Beschäftigungsförderung, Milderung der Folgen von Arbeitslosigkeit und zur Berufsaktivierung bestimmt sind.

Der Europäische Sozialfonds (EFS) ist auch eine der Finanzierungsquellen der Projekte im Bereich der kontinuierlichen Weiterbildung sowie Methoden zur Erhöhung der Bildungschancen für Personen in jedem Alter, auch im Alter 50+.

Der Vertrag von Lissabon sieht auch die Erhöhung des Beschäftigungsniveaus der älteren Menschen vor. Der Vertrag schützt die bestehenden Rechte und leitet neue Rechte ein. Er sichert besonders die Beachtung der Freiheit und der Grundsätze, die in der Charta der Grundrechte festgelegt worden sind. Der Vertrag erinnert daran, dass die *"Union die Bekämpfung jeglicher Diskriminierung im Hinblick auf Geschlecht, Rasse oder ethnische Herkunft, Religion oder Weltanschauung, körperliche oder seelische Behinderungen, Alter oder sexuelle Präferenzen anstrebt*".

Altersdiskriminierung

Die Diskriminierung der älteren Personen kann man unter anderem in folgenden Bereichen des öffentlichen Lebens beobachten: Arbeitsmarkt, Gesundheitsschutz, Sozialunterstützung, soziale Partizipation, zwischengenerationelle Verhältnisse in den Familien und im Bereich der Sozialversicherungen.

Das Arbeitsgesetzbuch enthält seit dem 01. Januar 2005 eine ganze Reihe neuer Vorschriften über Diskriminierungsverbot, darunter auch im Hinblick auf das Alter.

Die Einführung der Antidiskriminierungsaufzeichnungen war eine Folge der Anpassung des polnischen Rechts an die Rechtsanforderungen der Europäischen Gemeinschaft im Zusammenhang mit Polens Beitritt zur Europäischen Union. Im Ergebnis dieser Änderungen wurden die Vorschriften des Arbeitsgesetzbuches u. a. an die Richtlinie 2000/78/EG des Rates vom 27. November 2000 zur Festlegung eines allgemeinen Rahmens für die Verwirklichung der Gleichbehandlung in Beschäftigung und Beruf angepasst.

Die neuen Vorschriften besagen, dass Diskriminierung in der Beschäftigung, direkte oder indirekte, darunter auch altersbezogene, unzulässig ist. Arbeitnehmer sind im Bereich der Aufnahme und Auflösung des Arbeitsverhältnisses, der Beschäftigungsbedingungen, der Beförderung und des Zugangs zur Schulung zwecks der Erhöhung der Berufsqualifikationen gleich zu behandeln – insbesondere ohne Rücksicht auf Alter, Geschlecht usw.

Die Vorschriften des Arbeitsgesetzbuches legen keine Obergrenze des Alters fest. In der Definition des Arbeitnehmers (Art. 22 § 2 des Arbeitsgesetzbuches) wird nur die untere Altersgrenze angezeigt, die 18 Jahre beträgt. Es gibt also keine Hindernisse, dass die Person, die das Rentenalter erreicht hat, weiter arbeiten oder eine Arbeit aufnehmen würde.

Das Gesetz vom 30. April 2004 über Vorruhestandsgelder hat in das Arbeitsgesetzbuch eine Änderung eingeführt, die darauf beruht, dass die Person, deren zum Erreichen des Ruhestandsalters nicht mehr als vier Jahre (Art. 39 des Arbeitsgesetzbuches) fehlen, mit dem Kündigungsschutz erfasst wird. Diese Änderung bringt die Personen im Vorruhestandsalter in eine schwierigere Lage. Arbeitgeber vermeiden es Personen einzustellen, die in kurzer Zeit nach der Einstellung diesen Kündigungsschutz genießen werden.

Quellen der Diskriminierung in der Beschäftigung aufgrund des Alters, trotz vieler Diskriminierungsverbote und zahlreicher Schutzinstrumente, sind unter anderem:

- Die *Situation auf dem Arbeitsmarkt* (Auswahlmöglichkeiten aus den vielen Bewerbern),
- *die Wirtschaftslage* (hohe Kosten der Gewerbeführung, die eine Suche des Arbeitgebers nach den billigsten und leistungsfähigsten Arbeitnehmern verursachen),
- *Klischees in der Wahrnehmung der Arbeitnehmer nach dem 50. Lebensjahr* (als Arbeitnehmer, die weniger leistungsfähig sind, öfter krank werden, weniger flexibel sind, ihre Gewohnheiten haben, „von ... bis“ arbeiten, keine Initiative zeigen, sich nicht weiterbilden wollen – keine Fremdsprache lernen, keine neuen Technologien kennen lernen wollen, arbeiten nur um das Erreichen des Schutzalters abzuwarten),

- *die Schutzzeit* – ein besonderer Kündigungsschutz der Arbeitnehmer, denen weniger als 4 Jahre zum Erreichen des Rentenalters fehlen,
- *die Angst der Arbeitsuchenden* vor den fehlenden Möglichkeiten der Stellenfindung aufgrund der Tatsache, dass sie gewagt haben, mit einem Anspruch dem Arbeitgeber gegenüber aufzutreten,
- *niedrige Kenntnis der Arbeitsrechtsvorschriften* (sowohl unter den Arbeitgebern als auch unter den Arbeitnehmern), darunter auch der Rechte, die den diskriminierten Arbeitsbewerbern und Arbeitnehmern zustehen,
- *Langwierigkeit der Gerichtsverfahren* (die Gerichtsverfahren im Arbeitsrechtsbereich dauern gewöhnlich von 1,5 bis 5 Jahren; der diskriminierte Arbeitnehmer darf in dieser Zeit, bevor er den Prozess gewinnt, Schwierigkeiten mit der Arbeitsfindung haben, wenn die Information über das geführte Verfahren an den potentiellen Arbeitgeber gelangt),
- *Fehlen von Arbeitsgerichtsentscheidungen* im Bereich der Diskriminierung,
- *niedrige Strafen für die Nichteinhaltung der Arbeitsrechtsvorschriften*, die die Staatsarbeitsinspektion anwenden kann, fehlende Reaktion der Staatsarbeitsinspektion auf die Diskriminierung der Bewerber (z. B. fehlende Strafen für die Formulierung von diskriminierenden Presseannoncen).

Man kann auch ohne einen größeren Aufwand die Diskriminierungsanzeichen im Hinblick auf das Alter im Sektor der medizinischen Betreuung aufzeigen, aber schwer nachweisen. Die Alterseinschränkungen im Zugang zu bestimmten medizinischen Leistungen kommen in der Praxis häufig vor, sind aber selten in den mit dem Nationalgesundheitsfonds abgeschlossenen Verträgen und sonstigen Unterlagen nachweislich zu finden. Eines der Beispiele für die Diskriminierung der älteren Patienten ist die Altersbarriere im Zugang zu den Untersuchungen und prophylaktischen

Programmen. Der Nationalgesundheitsfonds finanziert im Rahmen der Sonderprogramme prophylaktische Untersuchungen für Personen in bestimmten Altersklassen. In der Mehrheit der Fälle werden die älteren Patienten aber ausgeschlossen.

Arbeitsmarkt und Gleichstellung der Geschlechter

Nach Angaben von Eurostat von 2008 bilden die Frauen in der Altersgruppe über 50 Jahre 55 % der Population, d. i. über 1.200.000 mehr als Männer.

Polnische Frauen sind nicht weniger qualifiziert als polnische Männer, aber die meisten von ihnen sind an Stellen beschäftigt, die für geringere Qualifikationen ausgelegt sind und erhalten daher niedrigere Gehälter, obwohl der Kampf um die Gleichstellung schon seit 100 Jahren andauert.

Investitionen in die Ausbildung und Weiterbildung von Frauen werden vernachlässigt.

Das Durchschnittsgehalt der Männer liegt 8,8 % über dem Landesdurchschnitt, das Durchschnittsgehalt von Frauen 16,9 % unter dem Landesdurchschnitt. Nach Angaben von Eurostat sind in Polen mehr als 24 % der Frauen im Alter zwischen 24 und 54 Jahren nicht mehr berufstätig, mehr als die Hälfte von ihnen wegen der familiären Situation. Kinderbetreuung steht nicht genügend zur Verfügung, ist von schlechter Qualität oder zu teuer.

In anderen Ländern, in denen der Staat eine günstigere Familienpolitik betreibt wie in Belgien, Dänemark oder Finnland ist die Beschäftigungsquote von Frauen mit Kindern hoch.

Die neuesten Veränderungen in der Beschäftigungsstruktur, z.B. die Erhöhung der Flexibilität auf dem Arbeitsmarkt, trifft vor allem die Frauen. Dadurch sind Frauen in Polen häufiger als Männer von Armut bedroht. (Quelle: www.solidarnosc.org.pl)

Migration

Polen war und bleibt ein Netto-Emigrationsland. Die Immigration spielte und spielt keine wesentliche Rolle in der Bilanz der internationalen Wanderungen. Polen hat den geringsten Anteil von ausländischen Einwohnern, gemessen an der Gesamtbevölkerung in Europa, weniger als 1 %. Zu den größten Nationalgruppen der Immigranten gehörten im 2007: Deutsche (11800), Ukrainer (6100), Russen (3700), Schweden (2800) und Österreicher (2700).

Der Beitritt Polens zur Europäischne Union hat die politische und sozialwirtschaftliche Lage wesentlich verändert. Die Mehrheit der 'alten' Mitgliedsstaaten hat sich entschieden, die Option der Übergangsfristen für die Liberalisierung des Arbeitsmarkets langfristig zu regeln. Damit blieben auch institutionelle Bedingungen für die Aufnahme der Beschäftigung außerhalb Polens zum Teil unverändert. In Folge dessen hat sich die Struktur der Zielländer nicht geändert. Dennoch erfolgt seit Anfang des Jahres 2000 eine allmähliche Änderung des Portfolios der Zielländer: Deutschland verliert seine dominierende Rolle, Großbritannien und Irland gewinnen eine immer größere Bedeutung.

Migranten aus Polen sind relativ gut ausgebildete Personen. Das beste Beispiel dafür ist Großbritannien: Unter den Emigranten, die 1997 ausgewandert sind, beträgt der Anteil der Personen mit Hochschulbildung über 25 %.

Ende der 90er Jahre erfolgte eine Veränderung im allgemeinen Ausbildungsniveau aufgrund der ungünstigen Tendenzen auf dem polnischen Arbeitsmarkt.

Unabhängig von der Tatsache, dass Migranten aus Polen im Hinblick auf das menschliche Kapital, über das sie verfügen, mindestens bis zu einem gewissen Grad gut ausgestattet sind, gelangen sie vor allem in zweitrangige Arbeitsmarktsektore in den Zielländern und nehmen typische „Immigrantenarbeiten" im Bauwesen, Landwirtschaft, Hotelwesen und Hausdienstleistungen auf. Dies ist im großen Maße eine Folge der Nachfragestruktur in den hochentwickelten Ländern, die eine geringe Anzahl der Arbeitnehmer mit hohen Qualifikationen und sehr große Anzahl der geringqualifizierten Migranten benötigen.

Die Hauptemigrationsrichtung in die EU-Länder bleibt weiterhin Deutschland (413000), weitere Länder sind unter anderem Großbritannien (392800), Schweden (28900), Norwegen (26800), Tschechien (20600), Dänemark (13800), Litauen (500).

Polen (1.197.000) nimmt in der Europäischen Union den dritten Platz im Hinblick auf den prozentuallen Anteil der ausländischen Bevölkerung in anderen Mitgliedsstaaten ein, gleich nach Rumänien (1.677.000) und Italien (1.262.000). (Quelle: Eurostat).

Berufliche Flexibilität

Über 90% der Erwerbstätigen in Polen sind Vollzeitbeschäftigte und dieser Anteil ist seit längerer Zeit grundsätzlich unverändert. Die größere Popularität der Vollzeitbeschäftigung unter den Frauen spiegelt sich in der Struktur dieser Population wieder. Obwohl die Frauen 45,9 % der Gesamtbeschäftigten bilden, machen sie 57,3 % der Teilzeitbeschäftigung aus. Diese Beschäftigungsform ist weniger populär unter den Arbeitnehmern aus der prime age Gruppe.

Die teilzeitbeschäftigten Arbeitnehmer besitzen vor allem Grundschulbildung und allgemeinbildende Abschlüsse. Der Anteil der Personen mit der Grundschulbildung in der Teilzeitbeschäftigung liegt bei 31,5 % (gegenüber 14,1 % in der Gesamtbeschäftigung), während er bei den Personen mit allgemeinbildenden Abschlüssen 8,5% beträgt (gegenüber 7,2 %). Andererseits sind in der Gruppe der Teilzeitbeschäftigten Personen mit Hochschulbildung und Berufsausbildung unterrepräsentiert. Bei den hochqualifizierten Personen erreicht die Differenz fast 100 % – während ihr Anteil in der Gesamtbeschäftigung 16,3 % und in der Teilzeitbeschäftigung 8,3 % beträgt.

Teilzeitbeschäftigung wird vor allem durch den Mangel an Vollzeitbeschäftigung verursacht. Diese Probleme beziehen sich vor allem auf die Arbeitnehmer in der Privatwirtschaft, in der 44 % der Personen dieses Problem als Ursache ihrer Teilzeitbeschäftigung geäußert haben. Nicht weniger (ca. 28 %) der Teilzeitbeschäftigten haben angegeben, dass diese Beschäftigung ihren Präferenzen entspricht.

Kinderbetreuung ist häufige Ursache für Teilzeitbeschäftigung bei Frauen (der Anteil der Frauen beträgt 9,7 % und der Anteil der Männer beträgt 0,6 %). Krankheit oder auch die Teilnahme an Weiterbildungsmaßnahmen sind häufig der Grund für Teilzeitarbeit bei Männern.

Ein weiterer Faktor, der die Ursachen der Teilzeitbeschäftigung differenziert, ist das Alter der Erwerbstätigen. Für die jüngsten Arbeitskräfte gehören Weiterbildung (50,4 %) und Probleme mit der Vollzeitbeschäftigung (31,6 %) zu den Kerngründen.

Für die Arbeitnehmer in dem prime age Alter scheint die zweite Ursache ein Schlüsselgrund zu sein (47,6 %). In dieser Gruppe spielt auch die Kinderbetreuung eine wesentliche Rolle. Für die älteren Arbeitnehmer waren Krankheit und Behinderung sowie Präferenzen für Teilzeitbeschäftigung wichtig (besonders für die Personen im Alter von 55 Jahren und mehr). Ca. 90 % aller Teilzeitbeschäftigten, die als Ursache dieser Form der Erwerbstätigkeit Krankheit oder Behinderung genannt haben, stellen Personen im Alter von 45 Jahren und mehr.[2]

Rentenreformen und Frühverrentungspolitik

Rentenpolitische Leitvorgaben und Rentenreform 1999

Die am 01. Januar 1999 eingeführte Reform des Sozialversicherungssystems differenziert die Grundsätze der Ermittlung des Rentenanspruchs und der Rentenhöhe abhängig vom Alter des Versicherten. Die Erwerbsgrundsätze des Pensions- und Rentenleistungsanspruchs bestimmt das Gesetz über die Pensionen und Renten aus dem Sozialversicherungsfonds vom 17. Dezember 1998[3].

Gesonderte Grundsätze sind für zwei Altersgruppen vorgesehen:

- *Personen, die vor dem 1. Januar 1949 geboren wurden:*

  Die vor dem 01. Januar 1949 geborenen Personen erwerben den Rentenanspruch nach bisherigen Grundsätzen, d.h. nachdem sie das Rentenalter erreichen, das mindestens 60 Jahre für Frauen und 65 Jahre für Männer beträgt und nachdem die Beitragszeiten und Nichtbeitragszeiten nachgewiesen werden, die für Frauen mindestens 20 Jahre und für Männer mindestens 25 Jahre betragen.

2 Quelle: BAEL
3 einheitliche Fassung: GB l. von 2004, Nr. 39, Pos. 353 mit nachträglichen Ergänzungen

Für diese Altersgruppe wurde auch die Möglichkeit beibehalten, nach dem Erreichen des. o.g. Rentenalters pensioniert zu werden, auch bei der Verkürzung der Beitragszeit und Nichtbeitragszeit um 5 Jahre (d.h. nachdem 15 Jahre Beitrags- und Nichtbeitragszeit bei den Frauen und 20 Jahre bei den Männern nachgewiesen werden).

Für diese Pension besteht aufgrund der kürzeren erforderlichen Anerkennungszeit keine Gewähr auf Angleichung an den Mindestpensionsbetrag, falls ihre Höhe niedriger als dieser ausfällt.

- *Personen, die nach dem 31. Dezember 1948 geboren wurden:*

  Die nach dem 31. Dezember 1948 geborenen Personen erwerben die Rentenansprüche aus dem Sozialversicherungsfonds nach neuen Grundsätzen, unabhängig davon, ob sie einem offenen Pensionsfonds beigetreten sind oder nicht. Die einzige Bedingung ist, dass das Mindestrentenalter erreicht wird, das für Frauen 60 und für Männer 65 Jahre beträgt. Der Rentenanspruch nach den neuen Grundsätzen ist nicht von dem Nachweis einer bestimmten Mindestversicherungszeit abhängig.

Die aktuelle Berechnungsgrundlage der Pension bildet der aufgewertete Betrag des Rentenversicherungsbeitrags, der auf dem Versichertenkonto erfasst wurde, (für den Zeitraum seit dem 01. Januar 1999 vergrößert um das valorisierte Anfangskapital). Die Rente wird den Gleichwert des Betrags darstellen, der das Ergebnis einer Teilung der auf dem Konto gesammelten Summe durch die mittlere Lebenserwartung für Personen gleichen Alters wie das Rentenalter des betreffenden Versicherten ist.

Die neue Rente bekommen sowohl Personen, die dem offenen Pensionsfonds (OFE) beigetreten sind als auch die, die dem Fonds nicht beigetreten sind. Den Ersteren wird jedoch aus den Fondsmitteln eine vorübergehende Kapitalpension zuerkannt.

Das polnische Rentensystem teilt sich in die so genannten drei Säulen auf:

- I Säule – ZUS (Sozialversicherungsanstalt),

- II Säule – OFE (Offener Pensionsfond),
- III Säule – z.B. IKE (Individuelles Pensionskonto)

Während die I. und II. Säule obligatorisch sind, ist die III. Säule freiwillig.

Säule I

Die ausgezahlten Pensionen werden aus den Beiträgen der gegenwärtig Beschäftigten finanziert. Das System funktioniert nur dann gut, wenn die das System versorgenden Beiträge in der für die Auszahlung der Leistungen ausreichenden Höhe einfließen.

Säule II

In der sog. II. Säule wählt man einen offenen Pensionsfonds, der die vom ZUS (Sozialversicherungsanstalt) jeden Monat auf das individuelle Konto eingezahlten Mittel aus dem Beitrag für die I. Pensionssäule (in Höhe von 7,3 % des Bruttogehalts) verwaltet. Das ist ein reales Kapital, das für die Rente arbeitet.

Säule III

Die so genannte III. Säule des Sozialversicherungssystems umfasst die betrieblichen Pensionsprogramme (PPE) und individuelle Pensionskonten (IKE). Mit dem Namen der III. Säule bezeichnet man auch jegliche freiwilligen Sparformen für die Pension.

- Polen hat sein Rentensystem bedeutsam reformiert. Das neue System besteht seit 1999. 2002 wurde darüber hinaus der Fonds Demografische Reserve gegründet, um die Mittel für den künftigen Finanzbedarf anzusammeln. Jedoch wird nur ein Teil des Rentenversicherungsbeitrags dem Fonds übergeben und gleichzeitig sind die Rentenversicherungsbeiträge für die Deckung der Renten- und Pensionsverpflichtungen der Sozialversicherungsanstalt nicht ausreichend.
- Der Fonds Demografische Reserve wurde im Rahmen der komplexen Reform der Sozialversicherungen kraft des Gesetzes über das System der Sozialversicherungen vom 13. Oktober 1998 gegründet. Die drei Säulen einführende Reform hatte im Bereich der Finanzierung der Leistungen allmähliche

Ergänzung des Rentenumlageverfahrens um das Kapitaldeckungsverfahren zum Zweck, während der Fonds Demografische Reserve die Sicherheit der Auszahlungen aus dem Sozialversicherungsfonds gewährleisten sollte mit dem Vorbehalt, dass seine Aktiva nach 2009 in Anspruch genommen werden können. Die Quelle der Fondsmittel sollten ein festgesetzter Teil des Rentenversicherungsbeitrags, Einkünfte aus den Anlagen des Fonds und Mittel aus der Privatisierung sein. Die letzte Möglichkeit wurde jedoch nie genutzt. Es wurden gleichzeitig die Investitionseinschränkungen eingeführt, die darauf beruhten, dass die Fondsmittel nur in die staatlichen Wertpapiere angelegt werden dürfen (Schatzwertpapiere, kommunale Wertpapiere, zum öffentlichen Verkehr zugelassene Aktien, abgesicherte kommerzielle Schuldverschreibungen). Die Mittel des Fonds Demografische Reserve werden gemäß der Vorschrit von der Sozialversicherungsanstalt verwaltet oder Dritten anvertraut (was nie praktiziert wurde). In der Praxis hat der Fonds Demografische Reserven im Jahr 2002 angefangen zu funktionieren, da damals die Verordnung des Ministers für Arbeits- und Sozialpolitik in Kraft getreten ist, in der dem Fonds sein Statut verliehen wurde. Es wurde auch die Höhe der Abschreibung des für den Fonds abgeführten Rentenversicherungsbeitrags wesentlich herabgesetzt, vom angenommenen Niveau 1 % auf 0,1 % in den Jahren 2002-2003. Seit 2004 wurde auch das Prinzip der jährlichen Erhöhung der Abschreibung um 0,05 % eingeführt. Im Jahre 2008 erreichte der Beitrag das Niveau von 0,35 %. Schließlich betrug Ende 2007 die Höhe der im Fonds Demografische Reserve angesammelten Mittel nicht ganz 3,5 Mrd. PLN. Es ist zu betonen, dass, wenn man die ursprünglichen Vorschriften des Gesetzes über das System der Sozialversicherungen eingehalten hätte, der geschätzte Wert der an den Fonds Demographische Reserve übergebenen Mittel bis Ende 2008 17,5 Mrd. PLN betragen hätte. Der Stand der Aktiva des Fonds ist unverhältnismäßig gering im Verhältnis zum Bedarf. Als Vergleich: Die Höhe der aus dem

Fonds Demografische Reserve ausbezahlten Rentenleistungen betrug Ende 2007 73,7 Mrd. PLN. Die in dem Fonds angesammelten Mittel machen also nicht ganz 5 % der jetzigen jährlichen Ausgaben für die Renten aus. Man kann also feststellen, dass der Fonds bisher die Funktion, für die er geschaffen wurde, nicht erfüllt hat. Daher sind Änderungen notwendig. Diese Schlussfolgerung drängt sich auch nach der Analyse der durch die Sozialversicherungsanstalt dargestellten Prognosen für die Jahre 2009 - 2013 auf, die den Umfang der Defizite der Sozialversicherungsfondsmittel für die Auszahlung der Rentenleistungen in den einzelnen Jahren aufzeigen. Aufgrund der Prognosen der optimistischen Variante kann man das kummulierte Niveau des Defizits im Sozialversicherungssystem in den Jahren 2009 – 2013 auf 157,5 Mrd. PLN beziffern. In der pessimistischen Variante kann dieser Betrag sogar über 226 Mrd. PLN betragen.

- Eine ernste Herausforderung stellt die Erhöhung des zur Zeit niedrigen Beschäftigungsniveaus dar (zum Teil mit der illegalen Arbeit wie auch mit der hohen Arbeitslosigkeit). Da die Reform von 1999 die Grundsätze der Pensionszahlungen für Personen ab dem 49. Lebensjahr nicht geändert hat, stellen die Frühpensionen weiterhin ein Problem dar (das jedoch schon 2008 zum Teil gelöst wurde). Nach wie vor gibt es Programme für die Vorruhestandsleistungen und es ist dafür zu sorgen, dass sie nicht als Ersatz für die Möglichkeit einer früheren Verrentung missbraucht werden. Strikte Einführung der verschärften Vorschriften über die Behindertenleistungen kann zur Vermeidung einer ähnlichen Ausnutzung dieses Systems beitragen. Um eine einheitliche Handhabe zu gewähren, ist die Verleihung der Sonderrentenberechtigungen an bestimmte Berufsgruppen zu vermeiden.

Frührenten vor der Rentenreform 1999

Die am 1. Januar 1999 eingeleitete Sozialversicherungsreform differenziert die Grundsätze für die Ermittlung des Rentenanspruchs und ihrer Höhe abhängig vom Alter der Versicherten. Sie änderte hingegen keine Bedingungen und Kriterien für frühere Verrentung. Solche Änderung hat das weiter unten beschriebene und im Gesetzblatt vom 31. Dezember 2008 veröffentlichte Gesetz zu so genannten „Brückenrenten" eingeführt, deshalb wird an dieser Stelle die Situation der Frührenten vor dem Inkrafttreten des oben genannten Gesetzes zu „Brückenrenten" besprochen.

Die Arbeit am Gesetz zu „Brückenrenten" wurde im Jahre 2007 aufgenommen und das Gesetz ist seit dem 01. Januar 2009 in Kraft.

Vor der Einführung des Gesetzes zu „Brückenrenten" war die frühere Verrentung üblich. Die Verzögerung der Gesetzeseinführung hatte zur Folge, dass ca. 100.000 Polen, die den Arbeitsmarkt im Jahre 2008 verlassen haben, sich für die günstigere Rente entschieden haben.

Die frühere Verrentung nach den alten Grundsätzen können unabhängig von den Arbeitsbedingungen Personen in Anspruch nehmen, die vor dem 01. Januar 1949 geboren sind und grundsätzliche Kriterien des Alters und der Arbeitszeit erfüllen:

Frauen, die das Alter von 55 Jahren erreicht haben und mindestens 30 Jahre gearbeitet haben oder Frauen, die das Alter von 55 Jahren und 20 Berufsjahre erreicht haben und über das Gutachten über volle Arbeitsunfähigkeit verfügen.

Männer, die das Alter von 60 Jahren und 25 Berufsjahre erreicht haben aber nur dann, wenn bei ihnen eine volle Arbeitsunfähigkeit festgestellt wurde.

Es reicht aber nicht, das entsprechende Alter und Berufsjahre zu haben. Man muss noch unmittelbar vor der Antragstellung auf Frührente eine so genannte Arbeitnehmerversicherung haben. Diese Versicherung wird vom Arbeitgeber für jede und jeden sozialversicherungspflichtig Beschäftigten (befristet oder unbefristet) gezahlt und innerhalb von zwei Jahren vor der Antragstellung mindestens ein halbes Jahr sozialversicherungspföichtig beschäftigt sein.

Gegenwärtig schreibt die Presse, dass, wenn man Voraussetzungen für die Frührente nach den Grundsätzen von vor dem 1. Januar 2009 erfüllt, man Gründe zur Zufriedenheit hat, da sie nach dem günstigeren Umrechnungsfaktor ermittelt wird und es kein Verbot für die Aufnahme einer zusätzlichen Beschäftigung gibt.

In der Gruppe der Länder Osteuropas besitzt Polen formell das höchste Ruhestandsalter von 65 Jahren. Aber die bis zum 1. Januar 2009 geltenden Voraussetzungen für die frühere Verrentung verursachten inzwischen, dass das Durchschnittsalter für den Ruhestandseintritt weniger als 57 Jahre beträgt.

Frühe Verrentung heute

Die polnische Gesellschaft weicht nicht von den Gesellschaften der anderen entwickelten Länder ab. Sie wird alt. Laut den Angaben der Sozialversicherungsanstalt machen 16% der Gesellschaft Menschen im Alter über 60 Jahre aus. Bis 2030 steigt dieser Anteil auf 26 - 27%. Im Jahre 2008 werden 13,5 % der Polen mehr als 65 Jahre alt sein. Es wird geschätzt, dass Menschen über 65 Jahre 2030 23,8 % und 2060 schon 36,2 % der Gesellschaft bilden werden.

Im Jahre 2001 betrug die durchschnittliche Zahl der monatlich aus der Sozialversicherungsanstalt versorgten Leistungsbezieher 7,122 Mio., im Jahr 2007 betrug diese Zahl schon 7,303 Mio.

2007 bildeten Rentner die entschiedene Mehrheit der Leistungsempfänger (62,5 %) – am 30. August 2007 waren es fast 4,6 Mio. Sonstige Personen erhielten Rente wegen der Arbeitsunfähigkeit (20 % = 1,46 Mio.) sowie Witwen- und Waisenrente (17,5 % = 1,3 Mio.).

Eine separate Gruppe bilden Personen, die von der Sozialversicherungsanstalt Sozialrenten, Beihilfen und vorgezogene Altersrenten beziehen. Ende 2007 zählte diese Gruppe über 594.000 Leistungsempfänger – über 40 Prozent hatten Sozialrenten, 28,5 Prozent Beihilfen und 31,3 Prozent vorgezogene Altersrenten.

In Polen gilt zurzeit das Gesetz über „Brückenrenten" vom 19. Dezember 2008, veröffentlicht im Gesetzblatt vom 31. Dezember 2008. Es definiert unter anderem die Bedingungen für den Erwerb und Verlust der Rechte auf Renten und Entschädigungen durch einige Arbeitnehmer, die eine Arbeit unter besonders schweren Bedingungen oder eine mit besonderem Charakter ausüben. Das Gesetz bestimmt auch die Arten solcher Arbeit, deren Ausübung zum Bezug der Brückenrente berechtigt.

Zu den Arbeiten in den besonders schweren Bedingungen werden unter anderem gezählt:

- unterirdische Arbeiten direkt bei Tunnelvortrieb im Gebirge,
- Arbeiten direkt bei der Bedienung von Hochöfen in Stahlbetrieben und Gießereien,
- Arbeiten auf den Bohrinseln

Zu den Arbeiten mit besonderem Charakter werden unter anderem gezählt:

- Arbeiten der Flugzeugführer (Pilot, Instruktor)
- Beschäftigte in Kernkraftwerken
- Arbeiten der Mitglieder von Rettungsmannschaften
- Arbeiten der Lehrer, Erzieher und sonstiger Pädagogen, die in Jugenderziehungseinrichtungen, Jugendeinrichtungen für die Soziotherapie, Bildungseinrichtungen, Jugendheimen, Erziehungsanstalten gemäß Vorschriften des Gesetzes über das Vorgehen bei den Jugendlichen.

Die Gewerkschaften waren dagegen, das Gesetz über „Brückenrenten" einzuführen, da es mit der Einschränkung der Zahl der zur vorgezogenen Leistungen Berechtigten sogar um 800 Tsd. Menschen verbunden war.

Gewünschter Ruhestandszeitpunkt

44 Prozent der Polen wollen ihre Arbeit vor dem 60. Lebensjahr beenden. 8 Prozent wollen beruflich aktiv sein, solange sie gesund bleiben. Polen gehört neben Spanien zu den EU-Ländern, wo über 60 Prozent der Personen im Alter von 54 – 60 Jahren so schnell wie möglich in Rente gehen wollen. Es gibt mehrere Ursachen dafür, dass die Polen sehr schnell ihre Berufskarriere beenden wollen. Wie aus den durch das Ministerium für Arbeit und Sozialpolitik durchgeführten Forschungen hervorgeht, ergibt sich eine frühere Verrentung unter anderem aus folgenden Gründen (Eurostat):

- Die Polen fliehen gern in die Rente, da sie ihnen das Gefühl der Sicherheit, Stabilisierung und Ruhe verleiht. Die sich oft verändernden Vorschriften haben die Einstellung zur Folge: Ich nehme das, was die jetzt geben, statt durchs Warten etwas zu riskieren (z.B. Verlängerung des Ruhestandeintrittsalters, Änderung der Berechnungsgrundsätze, Minderung der Auszahlungssätze). Irgendeine Rente ist immer besser als die Unsicherheit vor dem Morgen, Angst vor der Arbeitslosigkeit, vor dem Wettbewerb mit jungen Arbeitnehmern.

- Das Wissen über das Rentensystem ist sehr schlecht.
- 65% der Rentner erklären, dass das Ruhegehalt ihre materielle Lage aufgrund der Möglichkeit einer legalen oder illegalen Beschäftigung verbessert.
- Ein Teil der Polen geht in Rente aus nichtigen Gründen, z.B. schlechte Arbeitsatmosphäre, Schwierigkeiten bei dem Zurechtkommen mit den neuen Realitäten, Geringschätzung seitens der Vorgesetzten. Die Entscheidung darüber, in Rente zu gehen, resultiert oft aus der Absicht, den Kindern zu helfen, die nach einer Arbeitsstelle suchen oder wenig verdienen. Manchmal erscheint auch das Argument der Solidarität der Generationen – ich mache Platz für die Jungen frei, die mit der Familiengründung größere materielle Bedürfnisse haben (Kredite).
- Die Entscheidung über die Verrentung wird oft durch die Familie erzwungen. Der Rentner hilft dann sowohl seinen Kindern als auch oft den Eltern, die ja älter als er sind.
- Die körperliche Belastung durch die Arbeit

Zu den vielen Mechanismen, die eine frühe berufliche Deaktivierung beeinflussen ist noch eines hinzuzufügen – die Politik. Die Rentner werden zum Spielball im Kampf zwischen den einzelnen Parteien. Ihr Ziel ist eine frühe Verrentung von Menschen zu ermöglichen, obwohl sie noch im Vollbesitz ihrer Kräfte sind.

Situation je nach Branche und Unternehmen

Entwicklung der Anforderungen an die fachliche Kompetenz und die Belastungen im Berufsleben

Aufgrund des durchschnittlich sehr niedrigen Erwerbsaustrittsalters in Polen, ist nach den Angaben des Ministeriums für Arbeit und Sozialpolitik mehr als die Hälfte der berufsfähigen Bevölkerung passiv, wobei der Anteil derjenigen größer ist, die in der ZUS (Sozialversicherungsanstalt) versichert sind, als in der KRUS (Kasse der Landwirtschaftssozialversicherung) versicherten Personen.

Der Anteil der nicht erwerbstätigen Bevölkerung steigt natürlich mit dem Alter in beiden Gruppen der Versicherten, wobei der Prozess der Berufsdeaktivierung der in KRUS versicherten Personen langsamer ist.

Das Aufhalten der Personen auf dem Arbeitsmarkt in den älteren Gruppen des erwerbsfähigen Alters betrachtend, bezieht sich die grundsätzliche Herausforderung auf die ZUS-Versicherten. Andere Merkmale der Population weisen auch auf die größeren potentiellen Möglichkeiten der beruflichen Aktivierung ZUS- Versicherten als der KRUS-Versicherten hin. Die Population der ZUS-Versicherten zeichnet sich durch das wesentlich höhere Humankapitalniveau im Vergleich zu den KRUS-Versicherten aus, das über die Möglichkeit des Verbleibens auf dem Arbeitsmarkt entscheidet. Die ZUS-Versicherten legitimieren sich mit der durchschnittlich höheren Ausbildung als die KRUS-Versicherten, sie kennen öfter Fremdsprachen, verfügen über eine Fahrerlaubnis oder Computer- und Internetkenntnisse. Generell sind aber die Personen im Vorruhestandsalter durch ein niedriges Niveau in der Beherrschung der grundsätzlichen das Leben und die Arbeit unterstützenden Kompetenzen gekennzeichnet. Das betrifft vor allem die Kompetenzen im Bereich der Informatik, was in vielen Fällen eine bedeutende Barriere für ihr Erwerbsleben bilden kann.

Gesundheit und Leistungsfähigkeit

Der Gesundheitszustand ist einer der wesentlichen Faktoren, der die berufliche Aktivität der Personen im Vorruhestandsalter beeinflusst. Der schlechte Gesundheitszustand wird von der Hälfte der nicht erwerbstätigen Personen als Hauptfaktor genannt, der ihnen die Arbeitsaufnahme erschwert. Aus der Analyse des Gesundheitszustands der Befragten, die auf der Grundlage ihrer subjektiven Bewertung der vollständigen oder teilweisen Einschränkung ihrer Fähigkeit zur Ausführung von grundsätzlichen Lebenstätigkeiten durchgeführt wurde, geht hervor, dass der Gesundheitszustand der in ZUS versicherten und außerhalb der Landwirtschaft beschäftigten Personen im Vergleich zu den in der Landwirtschaft Beschäftigten besser ist. In der subjektiven Bewertung und gemäß den Richtwerten des Bereichs der biologischen Störung sind die Arbeitslosen und nicht erwerbstätige Personen von dem schlechtesten Gesundheitszustand betroffen.

Sofern der Gesundheitszustand keine Barriere für die Erhöhung der beruflichen Aktivität der in ZUS versicherten Frauen im Alter von 55 – 59 Jahren bildet, kann er doch eine Barriere für das Verbleiben in der Beschäftigung für die älteren Frauen bedeuten. Es scheint auch, dass der Gesundheitszustand keine Barriere für das Verbleiben der in ZUS versicherten Männer im Alter von 55 – 65 Jahren auf dem Arbeitsmarkt darstellt. Die Verlängerung der Perioden der beruflichen Aktivität der Männer über dem 65. Lebensjahr kann aber auf das Hindernis der sichtbaren Verschlechterung ihres Gesundheitszustands stoßen. Die Verschlechterung des Gesundheitszustands erfolgt unter den in KRUS versicherten Frauen und Männern um fünf Jahre früher.

Die Ergebnisse unserer Analysen haben auch einen engen und aus anderen Forschungen bekannten Zusammenhang des Ausbildungsniveaus mit dem Gesundheitszustand und seiner Bewertung bestätigt. Man kann also erwarten, dass in der Zukunft die Verbesserung des Gesundheitszustands, die mit der Erhöhung des Ausbildungsniveaus der Bevölkerung verbunden ist, zum grundsätzlichen Faktor für das längere Verbleiben auf dem Arbeitsmarkt wird. Es muss darauf hingewiesen werden, dass die Möglichkeit der Verlängerung der Perioden der beruflichen Aktivität, die aus der Perspektive des Gesundheitszustands bewertet wird, in der territorialen Erfassung nicht einheitlich ist: Des besten Gesundheitszustands erfreuen sich die Einwohner von größeren Städten, des schlechtesten dagegen die ländliche Bevölkerung. Gemäß den Erwartungen war das Einkommensniveau der mit der Landwirtschaft verbundenen Bevölkerung (KRUS-Versicherten) niedriger als das Einkommensniveau der Bevölkerung aus dem außerlandwirtschaftlichen Sektor (ZUS-Versicherten). Zu berücksichtigen ist auch der positive Einfluss der Ausbildung auf das Einkommensniveau und Einkommenssteigerung mit der Änderung der Wohnsitzgröße. Die finanzielle Lage der Haushalte, deren Oberhaupt Renten aus ZUS beziehen, ist schlechter als Haushalte der erwerbstätigen Personen, die in ZUS versichert sind. Bei den KRUS-Versicherten ist es umgekehrt. In diesem Fall lohnt es sich, in Rente zu gehen, weil das durchschnittliche Einkommen der Haushalte steigt.

Fort- und Weiterbildung

In Polen fehlt es an wirksamen Instrumenten zur Motivierung der Arbeitgeber, in die Weiterbildung der Arbeitnehmer zu investieren; der Anteil von Arbeitnehmern die sich weiterbilden ist sehr gering.

Die Mehrheit (55,8 %) der polnischen Arbeitgeber kennt keine Grundsätze der Bildung und Nutzung des Betriebsschulungsfonds. Nur 22,1 % der Befragten erklärten, die Regeln des ZFS (Betriebsschulungsfonds) zu kennen und weitere 22,1 % hätten etwas zu diesem Thema gehört. Diese Kenntnis korreliert mit der Größe des Unternehmens – je größer das Unternehmen, desto besser die Kenntnis des ZFS.

12,9 % der untersuchten Arbeitgeber haben angegeben, einen Schulungsfonds zu haben, 4,2 % der Untersuchten besaßen einen und 85 % keinen Betriebsschulungsfonds. Das bedeutet, dass der Anteil der Arbeitgeber, die einen Fonds bilden und nutzen, gering ist.

Die Betriebsschulungsfonds werden hauptsächlich in den öffentlichen Institutionen (besonders oft in den Gesundheitsschutzzentren) gebilde, oft auch in großen Unternehmen, seltener in den mittleren, am seltensten in den kleinen und vereinzelt in den Mikrosubjekten. Über den Betriebsschulungsfonds verfügen vor allem diejenigen, die ihre Tätigkeit im Bereich der Industrieverarbeitung, des Gesundheitsschutzes und der Sozialhilfe, öffentlicher Verwaltung und Nationalverteidigung sowie in der Bildung haben.

In dieser Gruppe sind aus folgenden Sektionen der Nationalwirtschaft keine Betriebe vertreten: Land- und Forstwirtschaft, Bauwesen, Finanzvermittlung und kommunale Dienstleistungstätigkeit, soziale und individuelle Tätigkeit.

Der von den Arbeitgebern angezeigte Hauptgrund zur Bildung des ZFS waren die Schulungsbedürfnisse der Arbeitnehmer. Es ist zu betonen, dass dieser Fonds hauptsächlich in den Wirtschaftseinheiten geschaffen wird, in denen eine rege Bildungsaktivität der Arbeitnehmer auftritt, die oft durch die Anforderungen des Berufskarrierepfads erzwungen wird (öffentliche Institutionen). Es ergibt sich daraus, dass die Bildung und Nutzung von ZFS durch die Erwartungen der Arbeitnehmer angeregt werden.

In den durch das Ministerium für Arbeit und Sozialpolitik analysierten Bereichen waren die Aufwendungen für die Schulungen sehr differenziert und hingen hauptsächlich von der Arbeitnehmerzahl ab. Man kann beobachten, dass in der Mehrheit der Wirtschaftsunternehmen (besonders mit guten ökonomischen Konditionen) die Mittel des Schulungsfonds im Ganzen die Schulungskosten gedeckt haben. Das beweist eine hohe Effektivität der Nutzung der Schulungsfondsmittel und die Zweckmäßigkeit ihrer Verwendung für die Umstrukturierung der Qualifikationen der Beschäftigten.

Die Mitfinanzierung der Weiterbildung erfolgt am häufigsten aus den Eigenmitteln der Firmen. Der Grund dafür war vor allem die Unkenntnis von sonstigen Finanzierungsquellen. Es gibt auch Mitfinanzierung der Weiterbildungsprozesse durch die Arbeitnehmer, was mit der Übertragung eines Kostenteils auf die Person, die den Willen zum Ausbau oder Änderung ihrer Qualifikationen äußert, von Seiten des Arbeitgebers erfolgt.

Aus den Zuschüssen von den Selbstverwaltungs- und Ressortmitteln wurden hauptsächlich Bildungsmaßnahmen in den öffentlichen Institutionen finanziert. Die Ursachen der niedrigen Nutzung von Zuschüssen ergeben sich aus der Unkenntnis der Arbeitnehmer über die Möglichkeit der Finanzierung von Schulungen und aus den zu aufwändigen, bürokratischen Regeln ihrer Gewinnung. Da die öffentlichen Zuschüsse oft mit einer Kontrolle verbunden sind, werden sie oft nicht beantragt.

Der Mangel an Bildungsstrategie oder ihre Marginalisierung in Unternehmen resultiert auch daraus, dass vielen Arbeitgebern die Vorteile, die sich aus der Weiterbildung für ihr Unternehmen ergeben, nicht bewusst ist.

Die Idee der Weiterbildung ist zu schwach verbreitet - sowohl unter den Firmeneigentümern als auch unter den Managern, sowie unter den Vertretern der Angebotsseite des Arbeitsmarkts (Berufstätige, Arbeitslose).

In den letzten Jahren hat sich die Situation verbessert. Eine Intensivierung der Bildungsmaßnahmen war möglich, da Fördermittel der EU zur Verfügung standen. Hinzu kam eine Medienkampagne über die Bedeutung der Weiterbildung.

Mit der Unterstützung der staatlichen und regionalen Agenturen und Institutionen, die den Arbeitsmarkt überwachen und kontrollieren, steigt mit jedem Monat das Bewusstsein und die Nutzung der Strukturfonds.

Konkrete alterspolitische Aktionen auf nationaler, regionaler und betrieblicher Ebene

Polen als EU-Mitgliedsstaat beteiligt sich an der Realisierung der Lissabon-Strategie. Die Herausforderungen, die vor uns stehen, sind enorm, zumal wir die Tatsache berücksichtigen, dass die Beschäftigungsquote in Polen um 53 % herum oszilliert, während der EU-Durchschnitt bei 64 % liegt.

Vor diesem Hintergrund beginnt das Thema der beruflichen Aktivität der älteren Personen erst langsam öffentlich bewusst zu werden. Die ersten Anzeichen der Reflexion erscheinen in den Medien, auf den Konferenzen und in den Regierungsdokumenten. Die Zurückhaltung ergibt sich aus der noch bis vor kurzem lancierten Überzeugung, dass die Berufsdeaktivierung der Personen über dem 50. Lebensjahr eine ausgezeichnete Lösung für die Reduzierung der

Arbeitslosigkeitsquote ist. Üblich war auch die Überzeugung, dass die Personen, die z.B. vorgezogene Altersrente in Anspruch nehmen, Arbeitsplätze für die arbeitslosen jungen Menschen frei machen. Vielmehr wurde in den 90er Jahren eben diese Politik realisiert, was übrigens klar bewiesen hat, wie falsch diese Ansicht war. Die Arbeitslosigkeit wurde nicht reduziert, weil die freien Arbeitsplätze nicht für junge Menschen bestimmt waren und meistens einfach aufgelöst wurden. Es erfolgte dagegen ein heftiger Rückgang der Erwerbstätigkeit der Personen nach dem 50. Lebensjahr. Zurzeit beträgt die Beschäftigungsquote in der Altersgruppe 55 – 64 Jahre in Polen ca. 27 %, zweimal weniger also als das in der Lissabon - Strategie angenommen wurde. Obwohl die Staatspolitik gegenüber den Personen in dem nicht mobilen Alter sich langsam verändert, ist das falsche Klischee über die Vorteile der früheren Berufsdeaktivierung allgemein verbreitet und hat eine große Wirkungskraft.

Den Maßnahmen, die mit der nationalen Alterspolitik zusammenhängen, liegen ebenfalls Konsultationen mit allen repräsentativen Gewerkschaften in Polen zugrunde. Indem Gewerkschaften eine aktive Rolle im gesellschaftlichen Dialog inne haben, wurden sie zum Initiator zahlreicher Aktivitäten und Veränderungen in der Wahrnehmung des Problems der alternden Gesellschaft. Eine führende Rolle in diesem Bereich spielt die Gewerkschaft Solidarnosc, die nicht nur an Konsultationen und Verhandlungen teilnimmt, sondern auch aktiv gegen die negativen Folgen auf dem Arbeitsmarkt kämpft, gerade im Bezug auf die Alterspolitik. Als Beispiel können hier der Verein Solidarität mit den Arbeitslosen oder auch das Programm Partnerschaft für das Unternehmertum der Beschäftigten in der Werftindustrie dienen.

Vorhandene Programme

Operatives Programm Humankapital

In den Jahren 2007-2013 erhält Polen die größte Allokation – im Rahmen des ESF – von allen EU-Ländern, die den Fonds nutzen. Die Ziele und Aufgaben des Europäischen Sozialfonds werden durch die Realisierung des Programms Humankapital erreicht. Das Programm beinhaltet zahlreiche Unterstützungsbereiche des

ESF, darunter u. a. Beschäftigung, sozialer Ausschluss, Qualifikationen der Arbeitnehmer, Bildung und institutionelle Entwicklung der Verwaltung. Es umfasst zehn Prioritäten. Die Prioritäten I bis V betreffen die Stärkung der Arbeitsmarktinstitutionen, Sozialpolitik, Bildung und öffentliche Verwaltung auf dem zentralen Niveau. Die Prioritäten VI bis X konzentrieren sich auf Unternehmen und Bildung in den Regionen. Das Hauptziel des Programms ist Steigerung der Beschäftigung und der sozialen Kohäsion.

Projekt des Ministeriums für Arbeit und Sozialpolitik: SPO RZL
(Sektorales Operatives Programm „Humanressourcen") Bearbeitung und Verbreitung der nationalen Standards der Berufskompetenzen

Der Standard der Berufskompetenzen ist eine Norm, die die Arbeitnehmerkompetenzen gemäß den Anforderungen der zugrunde gelegten Stellenprofile im Beruf beschreibt. Diese Kompetenzen sind für die Ausführung der typischen beruflichen Aufgaben notwendig. Die Qualifikationsstandards haben eine enorme Bedeutung für die Verbesserung der Berufsbildung. Sie erlauben die Qualität der Bildung zu sichern und sie mit dem Arbeitsmarkt zu verbinden – sie sind Basis für die Schaffung der Bildungsstandards und folglich der Lehrprogramme und Prüfungsstandards. Sie sichern die Transparenz der Qualifikationen, die auf den verschiedenen Wegen (Schule, Kurse, in der Praxis usw.) erlangt werden.

Programm Lebenslanges Lernen des Departements für den Arbeitsmarkt des Ministeriums für Arbeit und Sozialpolitik

Die Bestandteile bilden zwei Projekte im Rahmen der Transversal Programme:

- *Euroberatung Polen* (Euroguidance Poland)

  Dauer des Projekts: 2007 – 2013 (jährliche Vertragsperioden,) Projektpartner: Ministerium für Arbeit und Sozialpolitik, Departement für den Arbeitsmarkt, Ministerium für die Nationalbildung, Landeseinrichtung für die Förderung der Berufs- und Weiterbildung sowie das Netzwerk der Zentren Euroguidance. Das allgemeine Ziel des Projekts ist Förderung der beruflichen und erzieherischen Mobilität der Bürger und Entwicklung der

Berufsberatung zu ihren Gunsten. Diesem übergeordneten Ziel dient die Realisierung der detaillierten Ziele Sammlung und Verbreitung von Berufsinformationen, sowohl auf der nationalen als auch auf der internationalen Ebene.

- *Europäisches Netzwerk der Lebenslangen Berufsberatung* (European Lifelong Guidance Policy Network – ELGPN);

  Dauer des Projekts: 2007 - 2013 (jährliche Vertragsperioden); Projektpartner: alle EU-Mitgliedsstaaten sowie die Türkei und Island als Beobachter, vertreten von den Sozialpartnern sowie Regierungsinstitutionen, die für die Entwicklung der Berufsberatung verantwortlich sind. Das strategische Ziel des Netzwerks ist die Entwicklung der nationalen Systeme der lebenslangen Berufsberatung durch die Mitgliedstaaten. Diesem Ziel dienen die in die internationale Kooperation aufgenommenen Maßnahmen (thematische Seminare, Studienbesuche) und Initiativen mit der nationalen Reichweite (interinstitutionelle Zusammenarbeit, Verbreitung der besten Praxen).

Projekt PHARE 2000 unter dem Namen Landessystem der Berufsbildung

Es bestand aus zwei Teilen: Der erste Teil wurde in Form von Partnerschaftsvereinbarungen realisiert und umfasste Fragen im Bereich der Gestaltung der Zusammenarbeit zwischen der Regierung und den sozialen Partnern für die Stimulierung der Entwicklung von Weiterbildung. Der zweite Projektteil, der in Form eines Vertrags über die Ausführung der Aufgaben bestand, bezog sich auf die Bildung der Informationsgrundsätze und methodologischer Basis für die Realisierung einer effektiven Schulungspolitik, die den Arbeitsmarktbedürfnissen entsprechen würde. Das Projekt war zu 94% aus PHARE-Mitteln und zu 6% aus Eigenmitteln des Staates finanziert. Die Einleitungsmaßnahmen des Projekts wurden im Jahre 2004 abgeschlossen.

Das allgemeine Ziel war, die Nationale Strategie des Beschäftigungswachstums und die Entwicklung der Humanressourcen in den Jahren 2000 - 2006 zu unterstützen.

Programm Aktive Frau des Ministeriums für Arbeit und Sozialpolitik

Das grundsätzliche Ziel des Programms Aktive Frau ist die Erhöhung der Beschäftigungsquote von Frauen über 50 und die Erleichterung der Teilnahme von arbeitslosen Frauen an Maßnahmen, die die Chance der Arbeitsaufnahme und -erhaltung oder die Aufnahme eigener Wirtschaftstätigkeit ermöglichen. Das Projekt wird auf der staatlichen und regionalen Ebene realisiert. Die Koordinatiosstelle ist das Ministerium für Arbeit und Sozialpolitik und die Ausführenden sind WUP's (Wojewodschaftsarbeitsämter) und PUP's (Kreisarbeitsämter).

Programm 45/50 PLUS: Solidarität der Generationen

Das Programm der Maßnahmen zugunsten der Beschäftigungsförderung, Milderung der Arbeitslosigkeitsfolgen und beruflicher Aktivierung der Personen im nicht mobilen Alter (als Altersintervall, das im erwerbsfähigen Alter enthalten ist und Personen umfasst, die nicht mehr willig sind, für eine neue Arbeitsstelle den Arbeitsort zu wechseln oder sich weiterzubilden und umzuschulen, werden 45 – 59 Jahre für die Frauen und 45 – 64 Jahre für die Männer angenommen). Das Programm setzt voraus, dass infolge dessen der Anstieg der Beschäftigungsquote der Menschen im Alter 55 – 64 vom jetzigen Niveau 28 % auf 40 % im Jahre 2013 ansteigt. Diese Quote soll dagegen 2020 bis zu 50 % steigen. Zu diesem Zweck sieht die Regierung intensivere Motivierung – darunter finanzielle – der Arbeitgeber voraus, damit sie eher Personen im höheren Alter beschäftigen. Bestandteile davon bilden auch so genannte „weiche" Maßnahmen, die Qualifikationen, Fertigkeiten und Effektivität der Arbeit dieser Personen unterstützen. Als Ergebnis werden die Erwerbstätigen mehr Anregungen haben, um auf dem Arbeitsmarkt zu bleiben. Damit wird auch die Frührente als Lebensoption nicht mehr so attraktiv bleiben.

Das Programm wird unter anderem aus Fördermitteln des Arbeitsfonds finanziert. Das Programm Solidarität der Generationen fördert die Beschäftigung der Personen im Alter 50+ und zeigt den Arbeitgebern und der Öffentlichkeit die Vorteile aus ihrer Aufnahme in die Arbeit. Der erste und grundsätzliche Schritt wäre die Motivation der Arbeitgeber, die älteren Arbeitnehmer weiter zu beschäftigen.

Die Arbeitgeber werden von den Beiträgen zu Arbeitsfonds und Fonds der garantierten Arbeitnehmerleistungen befreit; dies betrifft die Arbeitnehmer, die fünf Jahre vor dem gesetzlichen Rentenalter (55 Jahre für Frauen und 60 Jahre für Männer) sind.

Die Firmen erhalten darüber hinaus Zuschüsse für Fahrtkosten, die an Arbeitnehmer gezahlt werden. Die Firmen, die diese Art der Unterstützung in Anspruch nehmen, müssen älteren Arbeitnehmern die Möglichkeit der Einschränkung der Arbeit in Bezug auf die ihre Gesundheit beeinflussenden Faktoren anbieten (Vibrationen, Lärm, hohe oder niedrige Temperaturen, erzwungene Körperlage, Heben von schweren Gegenständen, fließbandartige Tätigkeiten usw.) und die Formen der Arbeitsausübung flexibler machen. Die grundsätzliche Empfehlung ist flexible Gestaltung der Arbeitszeit – unter anderem durch die Änderung der Arbeitsstunden während des Tages (unter Berücksichtigung des Gesundheitszustands und der Lebenssituation), Herabsetzung der Arbeitszeit in den atypischen Arbeitsstunden (Überstunden, Arbeit in der Nacht, differenzierte Arbeitszeit während des Tages, darunter Wochenenden). „Die Solidarität der Generationen" betont, dass für den Erhalt der Arbeitsfähigkeit von Personen nach dem 50. Lebensjahr eine Verbesserung der Gesundheitsvorsorge erforderlich ist. Notwendig sind Präventionsmaßnahmen, die der Herabsetzung der Produktionsfähigkeit aufgrund des schlechten Gesundheitszustands vorbeugen, und anschließend die berufliche Weiterbildung ermöglichen. Das Programm setzt auch Maßnahmen voraus, die den Bildungswegen für die Personen im Alter 45+ dienen. Es geht hier um den Aufbau eines Systems, das den Arbeitnehmern kostenlose Selbstprüfung der Berufs- und allgemeinen Kompetenzen ermöglicht, darunter Internet, in den Zentren der Karriereplanung sowie bei den Arbeitsämtern (es wurden Bildungsgutscheine und Programme für Stipendien oder Schulungen vorgesehen). Ältere Arbeitnehmer sollen den Zugang zu einem sog. Job-Coaching haben. Die Arbeitgeber wiederum, die einen Schulungsfonds bilden (oder mindestens ein separates Konto für die Schulungen), können sich um Teilkostenrückerstattung der Schulungen für ihre Arbeitnehmer aus dem Arbeitsfonds bewerben. Die Solidarität der Generationen ist das Programm, das durch die Erhöhung der Anzahl der Berufstätigen unter den Personen älter als 50 die Maßnahmen zur Wirtschaftsentwicklung in Polen intensivieren sollte.

Betriebliche Programme zur Förderung älterer Arbeitnehmer

In den Jahren 2004 – 2009 kann man in Polen die Tendenz der Dezentralisierung der Forschungs- und der vorbeugenden Aufgaben in den Fragen der Sozialen Partnerschaft und des interinstitutionellen Dialogs beobachten.

Diese Funktion wurde von den unterschiedlichen Organisationen, Vereinigungen, Beratungs- und Schulungsfirmen übernommen, die für die Bürger und durch sie selbst errichtet wurden und ihre Entwicklung und Arbeit unterstützen.

Die finanzielle Unterstützung kommt überwiegend aus den Strukturfonds der Europäischen Union. Das operative Programm Humankapital wird zu 85 % aus den EU-Mitteln (Europäischer Sozialfonds) und zu 15 % aus den staatlichen Mitteln finanziert.

Diese Programme haben eine kleinere Reichweite und betreffen konkrete Betriebe, Berufe, Branchen in der jeweiligen Region, dem Kreis oder der Stadt. Die Nutzung dieser Möglichkeiten ist unterschiedlich und abhängig von der Wirtschaftlichkeit und Betriebsamkeit der regionalen Behörden und Arbeitsämter selbst. In diesem Bereich werden immer mehr Arbeitnehmer- und Arbeitgeberorganisationen aktiv.

Eine der sich am besten entwickelnden Regionen ist zum Beispiel Westpolen (besonders Wielkopolska/ Großpolen). Führend sind selbstverständlich die Städte, aber auch die territorialen Selbstverwaltungen haben viele interessante Ideen zum Erhalt der Beschäftigungsfähigkeit Älterer und zur Entwicklung ihres Wissens und ihrer Kompetenzen.

Jetzt Wir – Generation 50+

Dauer des Projekts: 2008 – 2010

Das Projekt wird aus den Mitteln des Europäischen Sozialfonds, des Staatsbudgets und der Wojewodschaftsarbeitsämter kofinanziert. Dieses konkrete Projekt wird unter der Aufsicht des Wojewodschaftsarbeitsamts in Poznań realisiert.

Das Ziel des Projektes ist die Qualifikation der beruflich nicht aktiven Personen aus der Region Wielkopolska im Bereich der Fremdsprachenkommunikation (Englisch und Deutsch) zu erhöhen, mit den traditionellen Methoden und mittels E-Learning. Das Projekt ist offen und an alle nicht erwerbstätigen Personen gerichtet, die in der Wojewodschaft Wielkopolskie angemeldet sind und aus eigener Initiative ihre Qualifikationen erhöhen wollen.

Junge und Aktive 45+

Dauer des Projekts: 01.09.2009 – 01.03.2011

Das Projekt ist aus den Mitteln des Europäischen Sozialfonds, des Staatsbudgets und der Arbeitsämter der Wojewodschaften kofinanziert. Dieses konkrete Projekt erfolgt ebenfalls unter der Aufsicht des Wojewodschaftsarbeitsamts in Poznań.

Das Ziel des Projektes ist die Berufsqualifikationen der arbeitenden Personen im Alter über 45 aus der Region Wielkopolska im Be-

reich der Fremdsprachenkommunikation (Englisch und Deutsch) zu erhöhen, mit traditionellen Methoden und mittels E-Learning. Das Projekt ist offen für alle erwerbstätigen Personen, die in der Wojewodschaft Wielkopolskie angemeldet sind und ihre Arbeit aufgrund eines Angestelltenvertrags, Genossenschaftsarbeitsvertrags, Werksvertrags oder Dienstvertrags, einer Berufung oder Ernennung ausführen und die aus eigener Initiative ihre Qualifikationen erhöhen wollen. Im Rahmen des Projekts wird geplant, 200 Personen aus den Städten der Wojewodschaft Wielkopolskie zu schulen.

Gestern Werftarbeiter, heute Unternehmer

Auch die Gewerkschaften bemühen sich nach ihren Möglichkeiten auf die Marktbedürfnisse in der Werftindustrie Vorpommerns zu reagieren.

Im Dezember 2009 hat die Danziger SOLIDARITÄT mit den Partnern (Projektleader) Pomorska Specjalna Strefa Ekonomiczna Sp. z o. o. (Pommersche Sonderwirtschaftszone GmbH), Gdańska Fundacja Przedsiebiorczości (Danziger Unternehmensstiftung) und Pomorska Izba Rzemieslnicza Małych i Średnich Przedsiębiorstw (Pommersche Handwerkskammer der kleinen und mittelständigen Unternehmen) das Projekt ins Leben gerufen.

Partnerschaft für das Unternehmertum der in der Werftindustrie Beschäftigten

PARTNERSTWO NA RZECZ PRZEDSIĘBIORCZOŚCI
OSÓB ZATRUDNIONYCH W PRZEMYŚLE STOCZNIOWYM

Das Programm wurde für Personen vorbereitet, die aufgrund der schlechten Situation in der polnischen Werftindustrie arbeitslos wurden und die Absicht haben, sich selbständig zu machen. Das Programm unterstützt sie in Form von Schulungen, Businessberatung, Investitionszuschüssen in Höhe von bis 40 Tsd. PLN (10.000

Euro) und Überbrückungssubventionen in Höhe von bis zu 1200 PLN (300 Euro) für 12 Monate. Das Programm können alle Werftarbeitnehmer und Arbeitnehmer der mit der Werft zusammen arbeitenden Betriebe in Anspruch nehmen. Das Angebot ist aber vor allem an Personen gerichtet, die aufgrund ihres hohen Alters und fehlender Arbeitsplätze im Norden Polens arbeitslos wurden.

Das Projekt wird aus den Mitteln des Europäischen Sozialfonds kofinanziert.

Gewerkschaftliche Maßnahmen zur beruflichen Umschulung

Viele regionale Gewerkschaftszentralen führen so genannte Programme der Ad-hoc-Fortbildung und Umschulung der Arbeitskräfte in der jeweiligen Region durch. Diese sind im Allgemeinen mit der Spezifik der Industrie der jeweiligen Region oder mit der momentanen Situation in einer Branche verbunden.

Solidarität Wielkopolska (Großpolen) führt zum Beispiel zur Zeit unbefristet zwei Typen der Fachschulungen durch:

- **Industrieschweißer**

  Ein Schulungszyklus in Theorie und Praxis dieses Fachgebietes. Die Schulung erfolgt in zwei Etappen: Zuerst im Bereich des elektrischen Schweißens und danach im Bereich des Gasschweißens. Der Kurs endet mit einer Prüfung im Staatlichen Schweißerinstitut in Gliwice und mit der Erteilung des Schweißerzertifikats dieses Instituts sowie der Sonderberechtigungen. Das Zertifikat ist dreisprachig in Englisch, Deutsch und Französisch verfasst, damit das Fachwissen des Arbeitsnehmers mit diesem Dokument in Weltkonzernen in Polen und in der Welt anerkannt und geschätzt wird.

  Die Schulung wird durch die Gewerkschaft und den Arbeitnehmer selbst mitfinanziert, abhängig von seiner Berufssituation, d.h. ob der Arbeitnehmer arbeitslos ist oder in einer Umschulung, und ob er Gewerkschaftsmitglied ist.

- **Bedienung und Instandsetzung der mobilen Gabelstapler**

  Ein Schulungszyklus in Theorie und Praxis dieses Fachgebiets. Der Teilnehmer dieser Schulung erhält die Befähigungsbescheinigung, die ihn zur Bedienung der mobilen Hubstapler mit dem mechanischen Hubantrieb berechtigt. Die Prüfung erfolgt durch das Staatliche Technische Überwachungsamt. Der Kurs ist in drei Themenbereiche aufgeteilt:

- Operator der mobilen Stapler,
- Wartung der mobilen Stapler,
- Service-Mitarbeiter für Gasflaschen in den mobilen Staplern.

Die Schulung wird durch die Gewerkschaft und den Arbeitnehmer selbst mitfinanziert, abhängig von seiner Berufssituation, d. h. ob der Arbeitnehmer arbeitslos oder in einer Umschulung ist, und ob er Gewerkschaftsmitglied ist.

Sonstige Projekte aus dem Bereich der Verbesserung der Qualifikationen und Wettbewerbsfähigkeit auf dem Arbeitsmarkt.

Sie sind für Personen gedacht, die länger erwerbstätig bleiben wollen – unabhängig vom Alter der Teilnehmer:

Sprachgrenzen überschreitend

Dauer des Projekts: 2008 – 2010

Das Projekt wird aus Mitteln des Europäischen Sozialfonds, des Staatsbudgets und der Wojewodschaftsarbeitsämter kofinanziert. Dieses konkrete Projekt verläuft unter Aufsicht des Wojewodschaftsarbeitsamtes in Poznań.

Das Ziel des Projektes ist die Berufsqualifikationen der erwerbstätigen Personen im Bereich der Fremdsprachenkommunikation (Englisch, Deutsch und Italienisch) zu erhöhen, mit den traditionellen Methoden und mittels E-Learning, sowie in der Zeichensprache. Das Projekt ist offen für alle in der Wojewodschaft Wielkopolskie arbeitenden oder angemeldeten Personen, die ihre Arbeit auf der Grundlage eines Angestelltenvertrags oder anderer zivilrechtlicher Verträge ausführen und aus eigener Initiative ihre Qualifikationen erhöhen oder auf dem Arbeitsmarkt länger bleiben wollen. Im Rahmen des Projekts ist geplant 192 Personen zu schulen.

Europäische Vorschullehrer/in als erster Kontakt des Kindes mit der englischen Sprache

Dauer des Projekts: 02.05.2006 – 15.01.2008

Das Projekt wurde aus den Mitteln des Europäischen Sozialfonds, des Staatsbudgets und der Wojewodschaftsarbeitsämter kofinanziert. Dieses konkrete Projekt verläuft unter Aufsicht des Wojewodschaftsarbeitsamtes in Poznań.

Ziel des Projektes war die Berufsqualifikation der KindergartenerzieherInnen im Bereich der englischsprachigen Kommunikation und der Nutzung der ICT Techniken in der englischen Sprache. Im Rahmen des Projekts werden die Schulungen der englischen Sprache, in den Grundlagen der Computerbedienung (MS Windows, Internet und Email, Fremdsprache in ICT) und ein Personalentwicklungstraining durchgeführt. Die Schulungen erfolgten durch entsprechend qualifiziertes Personal.

Erhöhung der Berufsqualifikationen der Polizei- und Behördenbeamten – Vervollkommnung der Fähigkeiten in der Fremdsprachenkommunikation

Dauer des Projekts: 02.05.2006 – 15.01.2008

Das Projekt wird aus Mitteln des Europäischen Sozialfonds, des Staatsbudgets und der Wojewodschaftsarbeitsämter kofinanziert. Dieses konkrete Projekt verläuft unter Aufsicht des Wojewodschaftsarbeitsamtes in Poznań.

Das Ziel des Projektes ist die Berufsqualifikationen der Zielgruppe in der Fremdsprachenkommunikation zu erhöhen. Im Rahmen des Projekts werden Schulungen in den Fremdsprachen (wahlweise) Englisch, Deutsch oder Französisch, in den Grundlagen der Computerbedienung (MS Windows, Internet und Email, Fremdsprache in ICT) und ein Personalentwicklungstraining durchgeführt.

Zusammenfassung

Einer der wichtigsten Herausforderungen, vor denen die Unternehmen in der ganzen Welt sowie Regierungen der einzelnen Staaten stehen, ist die richtige Verwaltung der Arbeitskraftressourcen älterer Arbeitnehmer. In vielen Ländern der Welt ist in den letzten Jahren die Anzahl der älteren Personen gestiegen und steigt weiter. Damit erhöht sich bei anhaltend niedrigen Geburtenraten das Durchschnittsalter der Bevölkerung. Diese Erscheinung übt einen sehr großen Einfluss nicht nur auf die staatlichen Systeme der sozialen Fürsorge, sondern auch auf die Entwicklungsfähigkeit der Unternehmen aus. Es ist zu betonen, dass die ungünstige demografische Struktur nicht nur ein Problem in Westeuropa ist, sondern zunehmend auch zum Problem in Polen wird.

In den letzten zehn Jahren fanden große Veränderungen auf dem polnischen Arbeitsmarkt statt, die als Folge der Anpassung der Wirtschaft unseres Landes an die auf dem globalen Markt herrschenden Realitäten anzusehen sind.

Die Form und Flexibilität des Arbeitsmarktes hängen in großem Maße von der Wirtschaftspolitik ab. In Polen ist sie nicht besonders anregend für Investitionen in neue Firmen, die neue Arbeitsplätze generieren sollen: Der Zugang zum Kapital für kleine und mittelständische Unternehmen ist weiterhin schwer, die Lohnnebenleistungen sind sehr hoch. Die Merkmale des polnischen Arbeitsmarkts sind weiterhin hohe Arbeitslosigkeit und die niedrigste Erwerbsquote der Bevölkerung in der Europäischen Union, sowie die niedrigste Beschäftigungsquote von Personen nach dem 55. Lebensjahr in der EU.

Die Kennzahlen weisen darauf hin, dass die Arbeitsressourcen in dieser Alterskategorie nicht genutzt werden (die Beschäftigung betrug im Jahre 2005 in Polen 52,8 % und in Dänemark 75,9 %). Die Erwerbsquote oszillierte 2005 in den einzelnen Mitgliedsstaaten zwischen 79,8 % in Dänemark und 58,1 % in Malta. Die Länder mit der höchsten Erwerbsquote waren: Dänemark, Schweden, Holland, Großbritannien, Finnland. Die Länder mit der niedrigsten Erwerbsquote waren: Malta, Ungarn, Italien, Polen.[4]

4 Quelle: Eurostat

Trotz einiger positiver Veränderungen, die auf dem EU-Arbeitsmarkt in den Jahren 2006 – 2007 aufgetreten sind, und trotz der Arbeitslosigkeitsrate von nur 6,8 % im Jahre 2007 im Vergleich zu 8,2% im Jahre 2006, gelingt es den EU-Ländern nicht, bis 2010 die geplanten Ziele der Lissabon-Strategie zu verwirklichen. Gemäß dieser Strategie sollten die EU- Länder zum Beispiel schon 2005 die Beschäftigungsquote auf 70 % erhöhen, während diese Quote 63,7 % betrug. Die Beschäftigungsquote der älteren Personen soll auf 50% erhöht werden, die Rate lag jedoch 2005 bei 42,5 %. Auch in Polen kam es in den Jahren 2006 – 2007 zur gewissen Verbesserung auf dem Arbeitsmarkt. Seit Polens EU-Beitritt[5] erfolgt eine allmähliche Verbesserung der Arbeitsmarktindikatoren. Diese Verbesserung ist aber weiterhin ziemlich langsam und unzureichend, um die Situation in der Beschäftigung radikal zu ändern und die Emigration der jungen Menschen aus unserem Land zu bremsen. Der polnische Arbeitsmarkt zeichnet sich im Vergleich zum EU-Arbeitsmarkt durch folgende Merkmale aus:

- hohe Erwerbsquote der Personen im Alter von 25 – 54 Jahren und die niedrigste Erwerbsquote von Personen im Alter von 55 – 64 Jahren;
- das niedrigste Beschäftigungsniveau im Allgemeinen;
- die niedrigste Beschäftigungsquote der Männer;
- die niedrigste Beschäftigungsquote von älteren Arbeitnehmern (55 – 64 Jahre);
- sehr niedrige Beschäftigungsquote von Frauen (niedrigere Quote gibt es nur auf Malta);
- sehr niedrige Beschäftigungsquote von Jugendlichen (nur in Litauen und Ungarn gibt es niedrigere Beschäftigungsquote von Personen im Alter von 15 – 24 Jahren);
- höchste Arbeitslosigkeitsrate von Frauen und Jugendlichen;
- hohe Rate der Langzeitarbeitslosen (nur Slowakei hat um 1,5 % höhere Rate der Dauerarbeitslosigkeit);

5 01.05.2004

- niedrige Beschäftigungsquote im Dienstleistungsbereich, durchschnittliche Beschäftigungsquote in der Industrie und die höchste Beschäftigungsquote in der Landwirtschaft;
- hohe Beschäftigungsquote im Allgemeinen (höhere Rate hat nur Griechenland) und Selbstbeschäftigung der Frauen, hoher Prozentsatz der Beschäftigten mit einem festen Vertrag und eine niedrige Rate der Unterbeschäftigung der Frauen. Die Arbeitslosigkeit in Polen sinkt zwar, aber weiterhin hält sich in unserem Land eine der höheren Kennzahlen in der Europäischen Union – die Armutsquote von 21 %. Polen hat auch eine der höheren Arbeitslosigkeitsraten in der EU unter den älteren Menschen und eine der niedrigsten Kennzahlen für das Durchschnittsalter der den Arbeitsmarkt Verlassenden. Um das zu ändern, müssen die Arbeitnehmer zur längeren Erwerbstätigkeit und zur Erhöhung der Qualifikationen und die Arbeitgeber zur Beschäftigung von älteren Personen ermuntert werden.

Chancen und Perspektiven der Arbeitskraftnutzung bei älteren Personen

Die bisherigen demografischen Tendenzen bestätigen die Tatsache, dass eines der drängendsten Probleme des polnischen Arbeitsmarkts, das jetzt schon zu spüren ist und in der nahen Zukunft immer mehr spürbar wird, die Alterung der Arbeitnehmer sein wird. Dieser Prozess ist eine Folge der Alterung der Gesellschaft. Seine Merkmale sind der Geburtenrückgang und die Steigerung der Lebenserwartung. Nach den Vorhersagen des GUS (Hauptamt für Statistik) wird sich die Bevölkerungszahl Polens in den Jahren 2002-2030 um 6,5 % reduzieren.

Die Anzahl der Personen im Alter über 50 Jahre wird in dieser Zeit um 44,4 % steigen, und ihr Anteil in der allgemeinen Bevölkerungszahl wird sich von 29,2 % auf 45,2% erhöhen (GUS, Bevölkerungsprognose). Im Bezug auf die Arbeitnehmer hatten wir in den Jahren 1990 - 2010 mit einem steigenden Angebot der Arbeitskräfte zu tun. Dieses Angebot wird nach 2010 sinken. Von ca. 2036 ab werden die früher auftretenden Schwankungen den Trend sowohl in den Dörfern als auch in den Städten stabiler machen, bis 2030 auf gleichem Niveau, was eine jährliche Reduzierung des Arbeitskräfteangebots bedeutet. In den Dörfern erfolgt der Rückgang der Arbeitnehmerzahlen mit einer fast 10-jährigen Verspätung im Vergleich zu den Städten. Die in unserem Land auftretenden Tendenzen zu Veränderungen in den Zahlen der Bevölkerung im Erwerbsalter (indirekt Arbeitnehmer) werden nicht nur quantitative sondern auch qualitative Folgen haben. Eine der Folgen ist die Altersstruktur dieser Arbeitnehmer. Die Demografen behaupten unter der Annahme des einfachsten Maßstabs – des Anteils der Bevölkerung im älteren (sog. nicht mobilen) Erwerbsalter – dass nach den wesentlich geringen Veränderungen in der Zeit 2002 – 2016 ein tiefer Alterungsprozess der Humanressourcen im Erwerbsalter folgen wird, also auch der Arbeitnehmer[6]. Das Problem ist die steigende Anzahl der alten Personen vor allem die fortschreitende Berufsdeaktivierung der älteren Personen (d.h. im Alter 55 – 64 Jahre). Das bestätigt auch die Statistik, die aufzeigt, dass die Beschäftigungsquote der Personen im Alter von 55 – 64 Jahren in Polen in den Jahren 1997 – 2005 von 33,9 % auf 27,2 % also um 6,7 % gesunken ist. In dieser Zeit war sie niedriger als in der EU-25 und diese Differenz stieg systematisch: Vom Niveau -1,8% bis aufs Niveau -15,3 %.[7]

Eine bekannte Regelmäßigkeit ist die Tatsache, dass das Niveau der Beschäftigungsquote der älteren Personen eng mit dem Durchschnittsalter des Austritts aus dem Arbeitsnehmerkreis verbunden ist, also mit der definitiven Abwanderung aus der Gesamtheit der Erwerbstätigen in die Gesamtheit der nicht erwerbstätigen Personen. Das Durchschnittsalter des Austritts aus dem Arbeitnehmerkreis lag in Polen im Jahre 2005 bei 59,5 Jahren, während es in der EU-25 60,9 Jahre betrug. Daraus geht hervor, dass der durchschnittliche Pole (ob als Erwerbstätiger oder Arbeitsloser) dem Arbeitsmarkt um 1,4 Jahr kürzer zur Verfügung steht als der durchschnittliche Bürger der Europäischen Union. Es ist zu vermerken, dass der Rückgang der Berufsaktivitätsquote in unserem Land in den letzten Jahren in der Personengruppe der 60 bis 64-Jährigen und über 64 Jahre

6 Rosner, Stanny, 2008

7 Quelle: Eurostat

stärker als in der Altersgruppe von 55 bis 59-Jährigen erfolgte. Das resultierte aus der in den 90er Jahren durch den Staat eingeführten Politik der „Bekämpfung" der Arbeitslosigkeit, die u. a. die Möglichkeit einer früheren Verrentung für einige Arbeitsnehmergruppen eröffnete.

Angesichts der oben dargestellten ungünstigen demografischen Tendenzen ist es jetzt erforderlich, die Politik der beruflichen Aktivierung der älteren Personen zu realisieren. Die Steigerung der beruflichen Aktivität der älteren Menschen führt zur Verlängerung des Berufslebens. Das Problem liegt aber darin, die bestehende Voreingenommenheit gegenüber den älteren Personen zu brechen. Sie werden von den Arbeitgebern als „Arbeitnehmer des hohen Risikos" wahrgenommen, die das erforderliche Engagement in die Firmentätigkeit nicht gewährleisten. Das verursacht oft einen Widerstand gegen ihre Beschäftigung und vorrangig Entlassungen bei der Pesonalreduzierung. Gerade deswegen wird auf dem Arbeitsmarkt eher der Prozess der Berufsdeaktivierung von älteren Personen beobachtet, was gewöhnlich eine Folge von bestimmten einzelnen oder kombinierten Umständen ist:

- Mangel an Kenntnis und Berufskompetenzen im Verhältnis zu den Anforderungen der gegenwärtigen Arbeitsmärkte;
- diskriminierendes Verhalten der Arbeitgeber und leichter Zugang zu den Frührenten und Rentenleistungen.

Die demografischen Prognosen für die einzelnen EU-Länder und Polen besagen, dass die Zahl der älteren Personen zunehmen wird. Wenn diese Personen außerhalb des Arbeitsmarkts bleiben, hat das Folgen sowohl für die Wirtschaft als auch für die öffentlichen Finanzen des Staates. Um diese negativen Folgen zu vermeiden, sind Maßnahmen zur beruflichen Aktivierung der älteren Personen zu intensivieren.

In den hochentwickelten Ländern hat man die Notwendigkeit der Verlängerung des Berufslebens schon vor vielen Jahren bemerkt und verschiedene Methoden erarbeitet, die dies zum Zweck haben. In diesen Ländern werden auch Versuche der Ausarbeitung neuer Beschäftigungsmodelle und neuer Konzepte zur Verwaltung der

Arbeitskräfte von älteren Personen vorgenommen. In Polen wurden dieser Versuche erst im Jahre 2006 in Form eines Pilotprogramms der Regierung unternommen, das an Personen im Alter von 50 Jahren und mehr gerichtet war. Die Realisierung dieses Programms führte leider weder zur Ausarbeitung von wirksamen Methoden der Verlängerung des Berufslebens der Zielgruppe, noch zur Verbesserung des jetzigen Beschäftigungsmodells und effektiver Verwaltung der Arbeitskräfteressourcen von älteren Personen in unserem Land.

Der Anteil der älteren Menschen auf unserem Arbeitsmarkt ist im Vergleich zu anderen EU-Ländern weiterhin sehr gering. Die eingeführte Politik des Sofortschutzes der Rechte der älteren Arbeitnehmer ist nicht wirksam und sichert keine Optimierung der Nutzung ihrer Arbeitskraft. Ungünstig ist auch das niedrige Alter besonders von Frauen, die dem Arbeitsmarkt nicht mehr zur Verfügung stehen. Folglich sollte man mehr Aufmerksamkeit der aktiven Politik der Pro-Beschäftigung widmen, die nicht nur hauptsächlich auf die Bekämpfung oder Milderung der Arbeitslosigkeit gerichtet sein sollte, sondern vor allem auf die Minderung der ungenügenden Beschäftigung der vorhandenen Arbeitskräfte, die von Jahr zu Jahr älter werden. Im Zusammenhang damit ist es notwendig, wirksame Methoden der beruflichen Aktivierung der älteren Personen und effektiver Verwaltung von älter werdenden Arbeitskräften auszuarbeiten.

Finanzkrise und Rezession

Die Finanzkrise und der damit verbundene erschwerte Zugang der Wirtschaftsunternehmen zu den Krediten haben einen sehr ungünstigen Einfluss auf die Wirtschaft. Die Prognosen für die nächsten Monate sind nicht optimistisch. Die Zahl der aus betrieblichen Gründen erfolgten Entlassungen nimmt zu. Die gute Konjunktur ist in vielen Wirtschaftsbereichen zu Ende. Die Weltwirtschaftskrise verursacht die Produktionseinschränkung, was wiederum die Begrenzung der Beschäftigung und Arbeitslosigkeitssteigerung zu Folge hat. Gewisse Anzeichen der Belebung auf dem Arbeitsmarkt erschienen schon im Frühling 2009 mit dem Beginn der Saison für die Arbeiten in der Landwirtschaft, Forstwirtschaft, im Bauwesen oder in der Touristik. Man muss sich aber mit Geduld wappnen, da man nicht so schnell mit der Umkehrung der ungünstigen Entwicklungen auf dem Arbeitsmarkt rechnen kann. Es resultiert aus der hohen Anzahl der angekündigten Massenentlassungen und der fallenden Zahl der bei den Arbeitsämtern eingehenden Arbeitsangebote. Die Tendenz zur Massenentlassungen umfasst alle Altersgruppen, wobei die Arbeitnehmergruppen im Vorruhestandsalter riesige Probleme mit der erneuten Erwerbstätigkeit haben. Es werden unterschiedliche Aktivierungsprogramme und Möglichkeiten der Umschulung angeboten. Die Nachfrage übersteigt aber das Angebot. Andererseits zeigten die Forschungsergebnisse und Prognosen des Arbeitsministeriums im zweiten Quartal 2009, dass 16 % der Arbeitgeber in Polen eine Erhöhung der Beschäftigung geplant haben und zugleich 10 % ihre Reduzierung voraussehen. Die Arbeitgeber wurden vorsichtiger in den Entscheidungen über die Anhebung der Beschäftigung, weil die Prognose der Netto- Beschäftigung vom Quartal zu Quartal sinkt. Die meisten Arbeitgeber haben die Erhöhung der Beschäftigung im II. Quartal dieses Jahres in der Ostregion (+13 %) angegeben, die die Wojewodschaften lubelskie, podkarpackie, świętokrzyskie und podlaskie umfasst. Trotz der schwachen Konjunktur hat Polen als einziges Land der EU ein ansteigendes BIP und die Netto- Prognosen für Beschäftigung in Polen sind im Vergleich zu den sonstigen EU-Staaten günstig.

Quellenverzeichnis

Aktywność ekonomiczna ludności Polski w latach 1992 - 2004, (2005), GUS, Warszawa.

Auer P. (red.), (2001), Changing labour markets in Europe: The role of institutionals and policies, Geneva.

Ballou B., Heitger D.L., (2007), Jak produktywnie wykorzysta? najmniej wykwalifikowaną siłę roboczą? Harvard Business Review Polska, nr 4, s. 26 - 28.

Borkowska S. (red.), (2004), Przyszłość pracy w XXI wieku, Warszawa.

Bugajska J., Łastowiecka E. Life style, work environment factors and work ability in different occupations. W: Assessment and promotion of work ability, health and well-being of ageing workers. Costa J.,

Ilmarinen J. red. Elsevier, International Congress Series, vol. 1280 C, 247 - 252

Czerniawska O. (red.), (1998), Style życia w starości, Łódź

Employment in Europe 2006. Raport Komisji Europejskiej, www.europe.eu.int.

Frąckiewicz L., (2000), Bariery uczestnictwa ludzi starszych w integracji społecznej, [w:] M. Dzięgielewska (red.), Przestrzeń życiowa i społeczna ludzi starszych, Łódź

Frąckiewicz L., (2002), Społeczne i ekonomiczne konsekwencje procesu starzenia się ludno?ci, [w:] Frąckiewicz L. (red.), Polska a Europa. Procesy demograficzne u progu XXI wieku. Proces starzenia się ludności Polski i jego społeczne konsekwencje, Katowice

Gabryszak R., (2004), Demograficzne uwarunkowania polityki społecznej wobec ludzi starszych, Studia z Teorii i Praktyki Polityki, vol. 1, nr 2

Gabryszak R. Zarządzanie zasobami siły roboczej osób starszych w Polsce i Unii Europejskiej

Gwiazda A., (2004), Bezsilność polityki gospodarczej wobec problemu bezrobocia, Studia z Teorii i Praktyki Polityki, vol. 1, nr 2

Gwiazda A., (2004), Starzejąca się Europa - implikacje dla rynku pracy, Gdańskie Studia Międzynarodowe, vol. 3, nr 2

Jarmołowicz W., (2005), Polityka państwa na rynku pracy w warunkach transformacji i integracji gospodarczej, Wyd. AE w Poznaniu, Poznań.

Kabaj M., (2004), Strategie i programy przeciwdziałania bezrobociu w Unii Europejskiej i w Polsce, Warszawa

Kabaj M., (2005), Ekonomia tworzenia i likwidacji miejsc pracy, Warszawa

Kłos B., (2006), Migracje zarobkowe Polaków do krajów Unii Europejskiej, Infos, nr 2

Knapińska M,.(2008),Transformacja zasobów pracy w Polsce w latach 1990-2006, Polityka Społeczna Nr 2

Kok W. (red.), (2004), Praca, praca, praca. Tworzenie nowych miejsc pracy w Europie, Rynek Pracy, numer specjalny

Konieczna-Woźniak, (2005), Seniorzy w społeczeństwie wiedzy i informacji, [w:] A. Fabiś (red.), Seniorzy w rodzinie, instytucji i społeczeństwie. Wybrane zagadnienia współczesnej gerontologii, Sosnowiec

Kotowska I., (2000), Skutki przewidywanych zmian liczby i struktury ludności Polski, Gospodarka Narodowa, nr 11 - 12

Korzeniowska E. Sposoby myślenia i postępowania w sferze zdrowia starszych pracowników średnich i dużych firm. „Medycyna Pracy" 2004, 55(2): 129 - 138

Kryńska E., (2006), Wydłużenie ?ycia zawodowego na polskim rynku pracy, Polityka Społeczna, nr 9

Kryńska E., (2007), Osoby starsze na rynku pracy, Studia BAS - Rynek Pracy", Warszawa, s. 139 - 160

Leibold M., (2006), Managing the aging workforce. Challenges Solutions, New York

Makowiec-Dąbrowska T. i in. Zawodowe i pozazawodowe determinanty zdolności do pracy starszych pracowników, Raport końcowy PCZ 21-21, Zadanie 8, 2004. Biblioteka CIOP-PIB

Metz D., (2002), Politics of Population Ageing, The Political Quarterly, 73 (3)

Morris D., Mailler T., (2003), Employment of older people in the European Union, Labour, nr 4

Moszyński M., (2004), Nietypowe formy zatrudnienia w Republice Federalnej Niemiec, Toru?

Padowicz W., (1999), Niekorzystne tendencje na rynku pracy w Polsce, Praca i Zabezpieczenie Społeczne, nr 12

Papiernik J., Dyskryminacja pracy ze względu na wiek, e-gospodarka.pl, www.egospodarka.pl.

Perek-Białas J., (2004), Aktywizacja starszych ludzi na rynku pracy: bariery i możliwo?ci, [w:] J.T.Kowaleski, P.Szukalski (red.), Nasze starzejące się społeczeństwo. Nadzieje i zagrożenia, Wyd. UŁ, Łódż

Pocztowski A., (2007), Zarządzanie zasobami ludzkimi: strategie, procesy, metody, Warszawa.

Rifkin J., (2001), Koniec pracy. Schyłek siły roboczej w świecie i początek nowej ery postrynkowej, Wrocław.

Rosner A., Stanny M., (2008), Demograficzne aspekty zasobów pracy w Polsce do 2030 r., Polityka Społeczna, nr 1, s. 1 - 5.

Różyński M., (1985), Wpływ pracy na stan psychofizyczny człowieka w wieku starszym, Psychologia Wychowawcza, nr 5.

Skarżyńska K., (2006), Pracowity Polak? Co to dzisiaj znaczy? Kultura Współczesna, nr 1.

Sobczak I., (2002), Starzenie się ludności w wieku produkcyjnym w Polsce. Czynniki starzenia się ogółu ludności. Liczba i struktura ludności w wieku produkcyjnym mobilnym i niemobilnym, [w:] J.T.Kowaleski, P.Szukalski (red.), Proces starzenia się ludności - potrzeby i wyzwania, Wyd. UŁ, Łódź

Sulmicka M., (2003), Przeciwdziałanie skutkom starzenia się społeczeństw w krajach wysoko rozwiniętych, Polityka Społeczna, nr 4

Szatur-Jaworska B., (2002), Polityka społeczna wobec ludzi starych – propozycja wskaźników oceny, [w:] J.T.Kowaleski, P.Szukalski (red.), Proces starzenia się ludności potrzeby i wyzwania, Wyd. UŁ, Łódź. Zarządzanie zasobami siły roboczej osób starszych w Polsce i Unii Europejskiej

Szukalski P., (1998), Uwarunkowania przemian aktywnoęci zawodowej osób starszych w krajach wysoko rozwiniętych, Studia Demograficzne, nr 2

Szukalski P., (2004), Uprzedzenia ze względu na wiek (ageism) - przyczyny, przejawy, konsekwencje, Polityka Społeczna, nr 2.

Szymańczak J., (2007), Podstawowe wskaźniki rynków pracy: Polska a państwa członkowskie Unii Europejskiej, Studia BAS - Rynek Pracy", Warszawa, s. 39-52

Trafiałek E., (2005), Edukacja, integracja i aktywizacja ludzi w starszym wieku. Polska a Europa, [w:] A.Fabiś (red.), Seniorzy w rodzinie, instytucji i społeczeństwie. Wybrane zagadnienia współczesnej gerontologii, Sosnowiec

Tuomi K., Ilmarinen J., Jahkola A., Katajarinne L., Tulkki A. Work ability index. Helsinki, Institute of Occupational Health 1994. Occupational health care 19

Urbaniak B., (1998), Praca zawodowa po przejściu na emeryturę, Łódź

Urbaniak B., (1999), Rynek pracy wobec pracowników w starszym wieku. Doświadczenia krajów rozwiniętych gospodarczo, Polityka Społeczna, nr 9

Walkowski R., (2007), Zarządzanie zasobami ludzkimi: kompetencje, nowe trendy, efektywność, Toruń

Witkowski J., (2001), Transformacja rynku pracy w Polsce, Kontrola Państwowa, nr 3

Worach-Kardas H., (1975), Aktywność zawodowa, społeczna i kulturalna ludzi w wieku poprodukcyjnym, [w:] Przesłanki perspektywiczne polityki społecznej, Polska 2000, Wyd. PAN, Komitet Bada? i Prognoz Polska 2000, Wrocław-Warszawa-Kraków

Wspólny raport o zatrudnieniu za lata 2005/2006. Zwiększenie liczby miejsc pracy i poprawa ich jakości: realizacja priorytetów europejskiej strategii na rzecz zatrudnienia, www.europe.eu.int.

Zawadzki K., (2005), Przejściowe rynki pracy: koncepcje - implementacje - perspektywy, Toruń

Polnischsprachige Websites

http://www.ciop.waw.pl

http://50-plus.profutura.poznan.pl/

http://45-plus.profutura.poznan.pl/

http://www.efs.gov.pl/WstepDoFunduszyEuropejskich/Strony/Oprogramie.aspx

http://www.nbp.pl/aktualnosci/wiadomosci_2009/polska_wobec_swiatowego_kryzysu_gospodarczego_2009.pdf

http://www.mpips.gov.pl/index.php?gid=504

http://www.elgpn.eu

http://www.mpips.gov.pl/index.php?gid=1209

www.praca.gov.pl/eurodoradztwo

http://www.mpips.gov.pl/index.php?gid=1165

http://www.pzh.gov.pl/page/fileadmin/user_upload/PZH_Raport_2008.pdf

http://ec.europa.eu/employment_social/spsi/docs/social_protection/2006/poland_pl.pdf

http://parl.sejm.gov.pl/WydBAS.nsf/0/B7C3580CE213B6FAC1257506002D61C3/$file/infos_44.pdf

http://kmsid.ue.poznan.pl/dokumenty/prognozy_ludnosci.pdf

http://www.stat.gov.pl/cps/rde/xbcr/gus/PUBL_pw_aktyw_ekonom_ludnosci_Ikw_2009.pdf

http://www.stat.gov.pl/dane_spol-gosp/ludnosc/prognoza_ludnosci/index.htm

Diagramme zur Bevölkerungsentwicklung 1990 bis 2050

Quelle: US Census Bureau July 17, 2003

Abbildung 30: **Polens Bevölkerungspyramide für das Jahr 1990**
Alter und Geschlecht Verteilung für das Jahr 1990

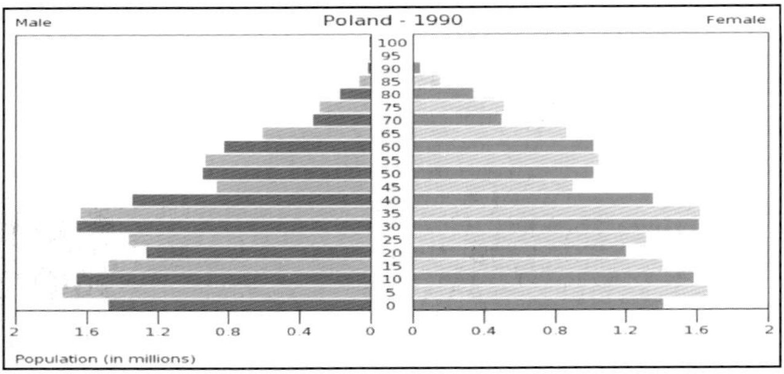

Abbildung 31: **Polens Bevölkerungspyramide für das Jahr 1995**
Alter und Geschlecht Verteilung für das Jahr 1995

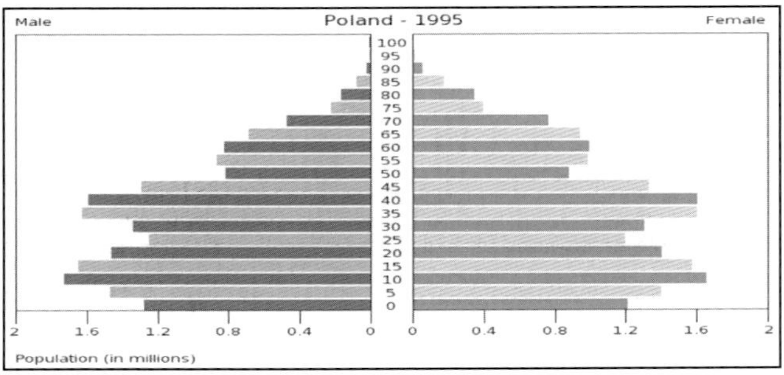